기독교문서선교회(Christian Literature Center: 약칭 CLC)는 1941년 영국 콜체스터에서 켄 아담스에 의해 시작되었으며 국제 본부는 미국 필라델피아에 있습니다. 국제 CLC는 59개 나라에서 180개의 본부를 두고, 약 650여 명의 선교사들이 이동 도서차량 40대를 이용하여 문서 보급에 힘쓰고 있으며 이메일 주문을 통해 130여 국으로 책을 공급하고 있습니다. 한국 CLC는 청교도적 복음주의 신학과 신앙 서적을 출판하는 문서선교기관으로서, 한 영혼이라도 구원되길 소망하면서 주님이 오시는 그날까지 최선을 다할 것입니다.

21세기 인간 파괴
미국을 덮친 죽음의 덫
(버락 후세인 오바마의 성전환)

21st Century Human Destruction, A Death Trap that Hit America : Barack Hussein Obama's Gender Reassignment
written by Hea Sook Son
All rights reserved.
Korean Edition Copyright ⓒ 2024 by Christian Literature Crusade, Seoul, Korea.

21세기 인간 파괴
미국을 덮친 죽음의 덫
(버락 후세인 오바마의 성전환)

2024년 5월 10일 초판 발행

지 은 이 | 손혜숙

편   집 | 이신영
디 자 인 | 박성준, 김현미
펴 낸 곳 | (사)기독교문서선교회
등   록 | 제16-25호(1980. 1. 18.)
주   소 | 서울특별시 동대문구 천호대로71길 39
전   화 | 02~586~8761~3(본사) 031~942~8761(영업부)
팩   스 | 02~523~0131(본사) 031~942~8763(영업부)
이 메 일 | clckor@gmail.com
홈페이지 | www.clcbook.com
송금계좌 | 기업은행 073-000308-04-020 (사)기독교문서선교회
일련번호 | 2024-32

ISBN 978-89-341-2669-0 (03230)

이 책의 출판권은 (사)기독교문서선교회가 소유합니다.
신저작권법에 의하여 한국 내에서 보호를 받는 저작물이므로 무단 전재와 무단 복제를 금합니다.

21세기 인간파괴

미국을 덮친 죽음의 덫

— 버락 후세인 오바마의 성전환 —

손혜숙 지음

CLC

목차

서언 : 위기의 늪에 빠진 미국　　　　　　　　　　　　　　　　6

제1장
죽음의 덫　　　　　　　　　　　　　　　　　　　　　　　　9

1. 죽음의 덫　　　　　　　　　　　　　　　　　　　　　　　9
2. 유아·어린이·청소년을 덮친 죽음의 덫　　　　　　　　　　15
3. 미국 군대를 덮친 죽음의 덫　　　　　　　　　　　　　　　22

▶엑스커션(excursion)◀　　　　　　　　　　　　　　　　　　50
▶돌발사건(unexpected event)◀　　　　　　　　　　　　　　　50

제2장
몰락 궤도로 내려가는 미국　　　　　　　　　　　　　　　　59

1. 미국을 파괴하는 오바마 대통령의 정책　　　　　　　　　　59
2. 미국이 위기의 늪에 빠졌다　　　　　　　　　　　　　　　85
3. 미국 군대 성전환 강요자의 트럼프 대통령 기소　　　　　　103

제3장
미국을 붕괴시키는 오바마의 성전환　　　　　　　　　　　110

1. 동성애 성전환 강행하며 미국 결혼법을 위반한 오바마와 정책　110
2. 유아·어린이·청소년 학대하는 성전환 교육 정책 즉각 폐지를!　116
3. 성전환, 동성애 강요자의 트럼프 대통령 저택 습격　　　　　123

제4장
오바마의 성전환 전쟁과 이에 대항하는 반격전   **134**

1. 매우 해로운 성전환 즉시 중지해야   134
2. 성전환 교육 지침 반대한 초등학교 교사 정직   141
3. 아칸소주 18세 이하 성전환 금지법 제정   **148**

제5장
하나님이 지으신 오묘한 성   **168**

1. 얼마나 많은 성이 있는가?   168
2. 인류 역사상 최초 인간 파괴: 오바마의 성전환   179
3. 하나님이 지으신 두 가지 오묘한 성 '남성과 여성': 다른 성은 없다!   192

부록   **208**

1. 투표 사기 정황과 LGBTQ 확산 정책   208
2. 젊은 성전환자의 내슈빌초등학교 총격 사건   212
3. 독사(The Snake)   217

서언

위기의 늪에 빠진 미국

손 혜 숙 목사

상상조차 할 수 없던 무서운 일이 미국에서 벌어지고 있다. 오바마의 백악관이 중심이 되어 하나님이 창조하신 인간 존재를 정책적으로 파괴한다. 한두 명, 수십 명이 아닌, 미국의 유아, 어린이, 청소년, 군인 전체를 파괴하고 있다.

어떻게 그런 일이 일어날 수 있는가?
어떻게 기독교 국가 미국에서 그럴 수 있을까?
민주주의의 표상, 자유와 진리, 평등과 정의의 나라 미국, 모든 사람이 동경하는 기회의 땅에서 그런 일이 일어날 수 있는가?

미국의 민주주의와 국가 안보도 파괴되었다. 애국자 정치범들이 재판도 받기 전에 장기간 감옥에 갇혀 동물처럼 학대당한다. 그중 한 재향군인은 옷장 정도로 좁고, 종일 불이 켜진 감옥에서, 옷도 벗고 있어야 한다(GP 2023.8.18). 2023년 8월 16일 새벽, FBI가 장애인 베터런의 집을 급습하여 총을 발사해 그를 죽였다(GP 2023.8.28). 어떻게 그럴 수 있나?

　미국 역사상 대통령을 기소한 적은 없다. 그런데 죄 없는 제45대 대통령 트럼프가 2023년 8월 24일 4번째 기소되었다. 10월에는 오바마가 임명한 판사가 개그 명령(gag order, 함구령)도 내렸다. 오바마의 조종으로 바이든 정부가 법무부를 무기화해 트럼프 전 대통령, 현재 압도적 지지를 받는 '2024 대통령 후보'와 지지자들을 탄압한다. 트럼프가 건설하던 '현대식 국경 장벽'을 바이든이 중단했다. 그는 오바마를 따라 국경을 개방해 1,000만여 명의 불법자, 주로 무슬림이 침투해 대도시와 각 주에 흩어졌다. 불법자의 유입으로 미국의 미래와 안전을 위협받고 있다. 친이슬람 반미국 오바마로 인해 미국과 미국인은 처참하게 변질되고 파괴당한다.
　미국이 늪 속에서 비명을 지른다. 하나님과 성서를 몰아내고, 성전환, 동성애를 세뇌 교육한다. 공화당이 이끄는 아칸소, 텍사스, 플로리다주 등이 선두되어 유아, 어린이, 청소년을 지키기 위해 싸우고 있다. 오바마는 소위 성전환으로 특히 유아, 어린이, 청소년, 군인을 집요하게 파괴한다.

　교회는 왜 적극적으로 선한 싸움을 싸우지 않을까?
　신학자와 지성인은 왜 악을 심오하게 비판하지 않고 오히려 일면 성행하게 만드는가?
　왜 일부 교단은 친이슬람 오바마의 미국과 기독교 파괴 정책에 합세하였을까?
　학문 연구의 목적도 진리와 선의 추구 아닌가?
　학문이 비진리와 해로운 악을 방관할 수 없지 않은가?

친이슬람 오바마의 성전환 강행의 피해자는 유아, 어린이, 청소년, 군대다.

유아, 어린이, 청소년, 군대가 병들면 더이상 미국의 미래는 없다!

절박한 대위기에 책의 발간을 서둘러 주신 기독교문서선교회(CLC) 대표 박영호 목사님께 깊이 감사드린다. 수고하신 편집부와 디자인부에 감사한다. 기도와 격려해 주신 홍진표 목사님께 감사드린다. 진리 탐구의 먼 여행을 늘 함께하는 사랑하는 슬기, 지혜와 영수에게 깊이 감사한다.

예수 그리스도와 진리를 높이며.

God Bless Korea!
God Save America, One Nation Under God!

제1장

죽음의 덫

1. 죽음의 덫

　죽음의 덫이 미국을 덮쳤다. 상상조차 할 수 없을 정도로 잔인하고 끔찍한 덫이 유아, 어린이, 청소년, 군인을 덮쳤다. 어린이의 몸에 주사기나 임플란트로 약물을 주입한다. 청소년의 신체를 반자연적으로 변질시키려 전환 호르몬을 투입한다. 건강한 몸의 중요한 조직을 칼로 마구 베어내는 수술이, 조직적이고 정책적으로 추진되며 강행된다.

　짐승을 잡으려는 사람들이 땅을 파서 덫을 놓고 그 위를 풀이나 나뭇가지로 위장한다. 마찬가지로 '인권', '평등', '차별 금지' 등 그럴싸한 표현으로 위장하고, 결국은 건강한 사람의 신체에 약물을 주입해 변질시키면서 칼로 중요한 몸의 조직을 절단하는 '죽음의 덫'이 온 미국에 설치되었다. 바른 신앙과 지성과 양심을 지닌 사람이라면 도저히 용납하거나 생각조차 할 수 없는 끔찍하고 무서운 일들이 기독교 정신 위에 세워진 나라 초강국 미국에서 유아, 어린이, 청소년, 군인에게 강압되고 있다.

　왜 민주주의의 최고 표상이요, 기독교 정신으로 세계를 향해 선교하고 윤리와 진실성의 모범인 '하나님 아래 한 나라 미국'(America, One Nation Under God)에서 이런 끔찍한 일이 벌어지는가? 어찌하여 정상인이라면 상상조차 할 수 없는 비정상의 잔악한 정책들이 급속도로 자행되고 강행되는가?

발단은 버락 후세인 오바마의 그늘진 욕망이다.

왜 21세기 기독교 국가 미국은 급속도로 '성전환', '동성애'를 강요하며 하나님을 대항하고 하나님의 인간 창조를 파괴하는 나라로 돌변했는가?

모든 사건에는 원인이 있다. 원인 없는 사건은 일어나지 않는다.

언제부터 세계가 부러워하는 기독교 국가 초강국 미국이 그처럼 반성서적, 반자연적, 반인류적으로 사람의 몸을 해치는 나라가 되었는가?

언제부터 미국이 건강한 신체에 해로운 약물(사춘기 차단제, 전환 호르몬)을 주입하고, 건강한 신체 조직(소녀의 가슴, 소년·소녀의 생식기)을 칼로 베어내는 잔인한 나라로 변했는가?

미국이 언제부터 검증되지 않은 위험한 성전환을 자랑스럽다고 높이면서 교육하고 강압하는 나라로 변질했는가?

언제부터 미국이 처참한 질병 에이즈를 일으키는 동성애를 자랑스럽다 한껏 추키면서 강요하는 나라가 되었는가?

미국 44대 대통령 버락 후세인 오바마 집권기부터다. 버락 후세인 오바마(Barack Hussein Obama)는 모든 미국 역대 대통령들과 달리 별스럽게 무슬림 이름을 지녔다. 그의 이름은 미국 이름이 아닌, 무슬림 이름이다. 그리고 그런 이름에 걸맞게 '친이슬람-반미국정책'을 시행하였다. 그때로

부터 성서와 창조주를 모독하고 대항하는 자가 권력을 휘두르는 나라, 하나님의 말씀을 망령되게 이용하면서, 실제로는 하나님을 없애고, 미국과 기독교를 진멸하려는 자가 권력의 중심에서 이끄는 나라, 신앙과 도덕적으로 타락의 극치를 달린 소돔과 고모라로 변해가는 나라, 그런데 소돔과 고모라도 성전환자, 동성애자를 높은 관직에 의도적으로 세우지 않았을 것이다.

'하나님 형상'으로 지어진 고귀한 사람을, 검증되지 않은 위험한 성전환과 참혹한 질병 에이즈를 가져오는 동성애로 점점 병들게 하는 나라 … 성전환과 동성애를 추키고 높이는 벼락 후세인 오바마의 잘못된 정책들(트럼프 시대에 중단, 바이든 시대에 다시 복구)로 인해, 성전환자, 동성애자가 무슨 특권이라도 되는 양, 더 쉽게 높은 직위에 임명된다. 불공평하고 불평등한 정책이 시행된다.

친이슬람 오바마는 특별히 미국의 유아, 어린이, 청소년에게 성전환, 동성애를 확산시키고자 몹시 애썼다.

왜 그럴까?

왜 그는 미국 유아 어린이 청소년에게 유별나게 성전환, 동성애를 퍼뜨리려 애를 쓰는가?

그는 미국 어린이와 청소년이 성전환자, 동성애자를 동경하고 모델로 삼도록 하기 위해 성소수자를 의도적으로 높은 직위에 세워 본보기로 만들었다. 어린이, 청소년이 비정상적이고 해로운 삶, 성소수자(LGBTQ)의 삶의 방식을 모델로 삼고 동경하도록 만들기 위해 무진장 노력하였다.

그리하여 오바마가 움직인 바이든이 백악관 대변인도 흑인 동성애자 카린 진 피에르(Karine Jeane-Pierre)로 바꾸었다. 또 어린이, 청소년, 젊은이에게 성전환자를 삶의 모델로 제시하기 위해, 성전환 여성 레이첼 레빈(Rachel Levin, 본래 남성)을 미국 보건복지부 보건담당 차관보로 세웠다. 이후 4성 장군으로 진급되었다. 무엇보다 그들이 동성애자, 성전환자라는 것이 오바마가 조종한 바이든 정부에서 발탁된 이유다.

여기서 친이슬람 버락 후세인 오바마의 '잔악한 야심'을 보게 된다. 기독교 국가 미국을 기필코 비정상 '성전환, 동성애의 나라'로 만들어 '붕괴시키겠다'는 것이다. 검증되지 않은 성전환으로 몸도 정신도 정상이 아니고, 어느 순간 붕괴될 수 있는 성전환자를(조지아텍 성전환자 학생이 정신붕괴로 경찰과 대치하다 죽었다. 성전환자 자살 충동률은 정상인의 1,000배이며, 수술 후에는 100배다) 하필이면 미국 보건복지부 보건 담당 차관보로 세웠다.

오바마는 미국인을 우롱하는가?

왜 하필 미국 보건복지부에 많은 유능한 사람을 두고 성전환자를 고위직으로 임명하는가?

검증되지 않은, 위험한, 소위 '성전환'이 미국 보건(건강)의 상징이 되라는 의도인가?

많은 다른 부서가 있는데, 왜 하필 국민건강을 돌보는 보건복지부의 차관보인가?

미국인의 건강을 우롱하고 해치려는 버락 후세인 오바마가 할 수 있는 수법이다. 오바마다운 발상이다. 건강을 돌보는 보건부에 성전환자를 고

위직으로 임명한다.

그는 미국 보건부가 해로운 성전환을 조금이라도 반대하지 못하도록 미리 선수를 치는가?

친이슬람 반미국 버락 후세인 오바마가 성전환, 동성애를 이용해 미국을 무너뜨리려는 계략은 깊숙하고 그 속도는 매우 빠르다. 교단과 기관들은 사태를 바로 보고 더 이상 작전에 넘어가면 안 된다. 대 위기다. 바이든과 민주당 역시 위장 전술에 계속 당하면 안 된다. 미국이 속히 몰락한다. 오바마에게 이끌려 성전환, 동성애를 교육하는 잘못을 멈추라! 성전환, 동성애는 사람을 해치는 방식이기 때문이다.

사람을 해치는 삶의 방식을 교육하고 세뇌할 수 있는가?

그렇게 할 수 없지 않은가?

친이슬람 오바마의 꿈은 성소수자를 많이 양성해 미국과 기독교를 붕괴시키는 것이다. 그는 성전환자, 동성애자를 급속도로 양산해 정상인과 싸우도록 만들고, 기독교와 갈등을 일으켜 싸우도록 만든다. 미국인들끼리 서로 싸우게 만든다. 결국, 버락 후세인 오바마는, 미국 대통령으로서 예외적으로 지닌 그의 무슬림 이름이 암시하듯, '미국과 기독교의 몰락 이슬람화'를 꿈꾼다.

얼마 전, 방송을 들었다.

음성이 가라앉고 몹시 괴로워하는 소년 성전환자가 호소하고 있었다.

"왜 우리 부모가 내가 어릴 때 성전환시켜 나를 이처럼 고통스럽게 만들었는지 모르겠다. 나는 지금 너무 아프고 고통스럽다…"

가라앉은 그의 음성에는 절망과 고통과 원망이 절절하게 스며 있었다.

왜 그의 부모가 자신이 아무것도 모르는 어린 나이에 성전환하도록 만들었나?

어린 나이에 그를 성전환 시킨 부모에 대한 원망과 탄식이 흐르고 있었다.

오바마의 부추김으로 성전환한 수많은 어린이와 청소년이 매일의 생활에서 얼마나 큰 아픔과 고통을 겪고 있는가?

이런 중요한 문제에 관해서 대 언론들은 관심이 없다. 성전환자들이 매 순간 얼마나 불편하고 절망스러운지, 얼마나 불완전하고 자살 충동을 자주 느끼며, 자살 시도를 하는지에 대한 보도는 거의 나오지 않는다. 방송에서 극심하게 고통당하는 성전환자의 아픔과 하소연을 들어본 것은 아마 그때가 처음이다. 민주당과 대 언론은 버락 후세인 오바마의 작전에 잘도 말려들어, 자국의 유아, 어린이, 청소년이 검증되지 않은 성전환으로 얼마나 위협당하는지에 대해서는 관심이 없다.

오바마의 '인권', '평등', '차별 금지'라는 가면에 잘도 속아 넘어가, '성전환 자체'가 해롭고 나빠 '어린이 청소년에게 금지해야 한다'라고 공화당이 우세한 주에서 법을 제안하고 만들면, 성전환자 인권을 무시하고 차별한다고 역으로 누명을 씌운다. 버락 후세인 오바마의 수법이다.

버락 후세인 오바마 집권 8년(2009-2016) 동안, 백악관은 매우 비정상으로 성전환, 동성애를 부추기고 교육하며 극도로 지원하였다. 오바마 시대에는 '어린이 성전환캠프'도 열렸다. 오바마가 대통령으로서 성전환을 드높이고 좋다고 계속해서 홍보하고 지원하자, 판단력 없는 부모는 아무것도 모르는 천진난만한 어린 자녀를 성전환자로 만들기도 했다.

죽음의 덫!

그것은 '죽음의 덫'이다. 건강한 어린이 몸에 이물질을 투입해 자연적 성장발달을 저해하고, 건강한 신체를 비정상으로 변질시켜 병들게 하며, 칼을 들이대어 소녀의 가슴과 자궁을 도려내고 소년의 성기를 베어내는 잔악한 죽음의 덫이다.

죽음의 덫!

그것은 '죽음의 덫' 이다. 미국의 어린 새싹들을 시름시름 병들게 하고 고통스럽게 만드는 '죽음의 덫' 이다.

죽음의 덫!

그것은 미국인을 점점 제거하는 죽음의 덫이다. 버락 후세인 오바마가 미국을 향해 던진 '죽음의 덫'이다. 기독교 국가 미국과 기독교를 몰락시키고 사멸시키기 위해 널리 던져진 거대한 죽음의 덫이다.

2. 유아·어린이·청소년을 덮친 죽음의 덫

해맑은 8세 어린이에게 사춘기 차단제(puberty blocker)를 주입하기 시작한다. 그리고 이제 신체가 막 발달하는 14세 소년·소녀들에게 성전환 호르몬을 투입한다. 청순한 15세 소녀들의 피어오르는 건강한 가슴을 칼로 도려내 수술하게 하고, 17세 소년들의 성기를 제거하며 소녀들에게는 자궁을 들어내는 수술을 하게끔 유도한다.

이 무슨 어이없고 잔악한 짓인가?

버락 후세인 오바마 시대에 처음으로 시작되고 확립된 성전환 정책과 관련해 소위 '세계성전환자보건전문협회'(World Professional Association for Transgender Health)가 추천하고 현재 벌어지는 사악한 사태들이다.

바이든이 2022년 6월 15일, LGBTQI(Lesbian, Gay, Bisexual, Transgender, Intersex Individuals: 레즈비언, 게이, 양성애자, 성전환자, 퀴어, 간성애자)의 '평등'을 증진하는 대통령 행정 명령을 내렸다.

인간이 도저히 상상조차 할 수 없던, 끔찍하고 무서운 일이 21세기 미국 역사에서 조직적이고 정책적으로 전개되고 있다.

'성전환', '동성애', '양성애', '간성애'라는 표현이 정상이고 아무 문제 없는 삶의 방식인가?

정상이 아닌 비정상, 건강에 해롭고 여러 문제가 발생하는 삶이 아닌가?

성서, 자연, 과학, 의학, 역사, 윤리, 전통에서 이탈한 삶의 모습을 말하지 않는가?

이들 모두 정상이 아니며 반자연적이고 인간 파괴적이다. 성서가 엄격히 금지하는 삶의 스타일이다. 21세기 미국에서 반과학적·반의학적·반인간적이고 반자연적·반역사적·반윤리적·반성서적인 잔악한 정책들을 선언하고 강행한다. 사람의 몸이 자연스럽게 정상으로 성장하는 것을 강제로 억압하고, 반자연적으로 몸을 변질시키며 절단하는, 그야말로 사악한 정책들이 오바마 시대에 처음으로 백악관에서 광범위하게 고안되어 강행되었다.

트럼프(2017-2020)는 오바마의 인간 파괴적인 비정상의 악한 정책들(LGBTQ 정책들)을 폐지하였다. 하지만, 코비드-19 확산 때 갑자기 등장한 바이든이 역사상 역대 대통령 중 최고득표를 얻은 트럼프(그럼에도 강제로 물러나게 됨)가 폐지한 '오바마의 해로운 정책들'을 다시 복구했다. 그는 오바마의 성소수자(LGBTQI) 정책들을 강행하고 있다. 너무 상식에 어긋나고 잔인하며 소름끼치는 현실이다. 인류 역사상 절대로 일어나서는 안 되는 일들, 사람의 몸 그 자체를 어린 시절부터 변질시키고 정상적인 발달을 차단시키며, 건강한 신체 조직을 칼로 베어내는 천인공노할 일이 공공연히 시행된다.

이런 해괴하고 잔악한 정책들을 최초로 고안해 내어 추진하는 벼락 후세인 오바마와 추진자는 제정신인가?

그들은 인간이기를 포기했는가?

창조주 하나님의 창조법칙과 자연법칙(창조법칙의 부분) 아래 성장하는 유아, 어린이, 청소년에게 창조법과 자연법에 역행해 성전환, 동성애를 세뇌 교육하며 정상적인 성장을 강제로 억압한다. 8세 어린이에게 사춘기 차단제 투입으로 신체발달을 저해하면서 예측 못 할 불완전한 상태로 이끌어간다.

21세기 미국에서, 상상을 초월해 어린이의 신체를 학대하고 있다. 매우 위험하게 병자로 만들고 있다. 순진무구한 유아·어린이들이 자라기도 전에, 고통을 주면서 강제로 신체를 변질시킨다. 아무것도 모르는 유아·어린이를 성전환자로 만들어간다. 다시는 정상인이 될 수 없도록 삶을 짓밟는다. 어린 새싹들을 망가뜨린다. 아무리 큰 나무도 어린 새싹일 때 쉽게 제거할 수 있다. 그는 미국의 미래 어린 새싹 유아, 어린이를 의도적으로 해치고 병들게 한다.

트럼프 시대에 중단되었던 버락 후세인 오바마의 유해한 정책들이 바이든 시대에 복구되어 시행되고 있다.

하나님이 지으신 신비롭고 섬세하며 오묘한 사람!

'하나님 형상'(Image of God)대로 지어진 고귀한 사람에게 3-4세 유아기부터 '성 정체성'을 거론한다. 그들은 위대하신 하나님의 '인간 창조'를 철저히 모독하고 있다.

귀엽기만 한 8세 철부지에게 '사춘기 차단제'를 투입해 신체발달을 저해한다. 어떻게 그럴 수 있나?

이처럼 강제적 신체 발달 저해가 매우 미세하고 유기적인 신체 조직에 얼마나 부작용과 역작용을 일으킬 것인지에 대해서는 아무런 연구나 대책 없이, 유아 어린이 청소년을 위험한 지대로 몰아가고 있다. 사춘기 차단제는 주사로 주입하거나 임플란트(implant)를 심는 방식으로 투입해 사춘기 발달을 강제로 막는 것이다. 계속 작용하도록 하기 위해 주사는 한 달에 한 번, 임플란트는 매년 바꾸어야 한다. 8세의 여린 피부에 '사춘기 차단제' 주사기를 매달 들이댄다. 또는 어린이의 여린 피부 아래 심은 임플란트를 매년 바꾸어 심으면서 주입한다.

그들은 제정신으로 그런 일을 하는가?

어린이가 세상을 아주 조금 알기도 전에, 티 없이 맑고 천진한 어린이에게 주사기로 매달 약물을 투입하거나 피부 아래 심은 임플란트로 투입해 병자로 만들어간다.

어찌 그처럼 잔악한 짓을 하는가?

하늘이 통곡할 일 아닌가?

부작용과 역작용을 일으키는 약물을 투입해 어린이의 자연적 성장을 가로막고 위태롭게 변질시킨다.

인류 역사에서 도대체 이처럼 무섭고 끔찍한 일이 일어날 수 있는 걸까?

엄마, 아빠의 손을 잡고 사랑을 듬뿍 받으며 자라야 할 우리의 유아들, 어린이들 … 여리고 귀여운 아이들에게 매달 주사로 또는 매년 심는 임플란트로 해로운 약물을 계속 투입한다.

이것은 어린이 몸을 파괴하는 악이요 불법이다!

21세기에 오바마와 그의 조종을 받는 바이든이 천진난만한 미국 어린이에게 상상을 넘어서는 인간 파괴를 저지르고 있다. 오바마의 비정상적 악한 정책을 지지하며 따라가는 판단력 없는 민주당 역시 그렇다.

자연적으로 성장하는 청소년기 14세에 '성전환 호르몬'을 시작하게 한다. 이는 긴 생애 내내 지속되는 치료로 불임, 체중증가, 뇌졸중, 고혈압의 위험이 따른다. 15세의 청순한 소녀, 아름다운 여성으로 이제 막 성장하는 소녀의 봉긋 솟는 가슴에 칼을 들이대어 절개해 제거한다. 유방암 환자가 암세포를 없애기 위해 고통스러운 유방 제거 수술을 받듯이, 이제 솟아오르는 소녀의 아름다운 가슴, 살아 있는 조직에 칼을 들이대어 도려낸다. 그로인해 소녀는 살아가는 날 동안 많은 고통과 후유증을 겪는다.

이 무슨 악마의 짓인가?

버락 후세인 오바마의 부추김으로 17세에 소년이 되기 위해 가슴을 도려낸 소녀가 우울증과 불안에 빠졌다. 소년이 되기 위해 12세에 사춘기 차단제를 주입하고 호르몬을 복용하면서 15세에 유방 제거 수술을 받은 콜

(Cole)은 크게 후회하면서 이제 '탈전환'(Detransition) 중이다. 탈전환 중인 콜은 이미 복용한 많은 양의 남성 호르몬이 생식기에 미칠 부작용에 관해 염려하고 있다.

소년·소녀들은 가정의 등불이며 나라의 희망이다. 그런데 소위 성전환을 한답시고 칼을 들이대어 17세 소년의 건강한 성기를 베어낸다. 17세 소녀의 건강한 자궁을 들어낸다. 자궁암에 걸린 환자가 자궁을 들어내듯이 한다. 그들이 난자나 정자를 생성하지 못하도록 만든다. 인간 생명체를 형성시키는 난자나 정자가 형성되지 못하도록 조장한다. 결국, 미국의 소년·소녀를 성불구자, 생식기 불구자로 만들어 간다.

그들은 제정신으로 그렇게 하는가?

소년·소녀의 생식기에 칼을 들이대 생식 불가능한 불구로 만들고 있다. 결국, 미국의 소년·소녀들을 생식 불구자로 만든다. 이런 잔악한 일을 국가 정책으로 최초로 시작하고 수립한 오바마는 용서받기 어렵다. 수많은 어린이 청소년들의 생애를 돌이킬 수 없는 생식 불구, 병자로 만들기 때문이다. 오바마와 그에 이끌린 바이든의 성전환, 동성애 정책들, 과도한 LGBTQ 연합들의 인터넷 홍보와 선전들, 오바마의 엄청난 재정투입으로 형성된 성소수자(LGBTQ) 지지기관들, 소위 연구단체들, 치료사들, 의사들, 상담자들의 너무 쉬운 성전환 과정과 수술 확언 등이 수많은 어린이·청소년을 예측불허의 컴컴한 고통 속으로 밀어 넣고 있다.

손톱에 가시 하나만 들어가도 우리는 아프다. '몸에 칼을 대지 말라'는 옛말이 있다.

그런데 벼락 후세인 오바마가 주도하고 이에 미혹된 바이든과 민주당이 유아 어린이, 소년 소녀에게 엄청난 고통을 주면서 밝은 인생을 흑암으로 바꾸고 있다.

　버락 후세인 오바마는 왜 하필 미국 유아, 어린이, 청소년, 군대에 유독 더욱 성전환을 부추기고 세뇌 교육할까?

　대답이 너무 분명하지 않은가?

　미국이 점점 쇠락하여 완전히 붕괴하며 몰락하는 것이다. 유아, 어린이, 청소년, 군대에 성전환, 동성애가 퍼지면 퍼질수록, 기독교 국가 미국은 곧 무너진다. 반면 오바마와 오바마에 이끌린 바이든의 국경 개방(Open Border)으로 무수히 밀려 온 불법인 무슬림들(단지 바이든 집권 3여 년에 1,000만여 명, 거의 무슬림이 침투)이 자녀들을 많이 낳아 미국을 차지하고 이슬람화하기 위해 혼란을 야기하며 테러와 전쟁도 일으킬 것이다.

　유아, 어린이, 청소년을 파괴하는 성전환을 즉각 중단하라!

　한국 교회와 국민은 오바마의 '포괄적 차별 금지법'(실제로는 동성애 성전환 확산법)을 막으려 혼신의 힘을 쏟고 있다.

　민주당은 공화당처럼 오바마의 성전환, 동성애를 거부하라!

　바이든의 백악관은 오바마의 '성전환, 동성애 복구'를 즉각 철회하라!

　우리 모두 미국을 구조하기 위해 힘쓰고 기도 드리자.

　God Save America, One Nation Under God.

　백악관을 통하여, 또한, 이에 동조하는 민주당을 통해, 미국의 정책과 교육이 완전히 그릇된 방향으로 진행되고 있다. 이성을 상실한 정치가들이 유아·어린이·청소년을 해치는 악한 정책으로 끔찍한 죄와 불의를 저지르고 있다. 하나님의 진노를 부르며 하나님을 역행하는 잔악한 정책을 하고 있다.

3. 미국 군대를 덮친 죽음의 덫

1) 던져진 죽음의 덫

어부가 고기를 잡으러 그물을 펼치면서 던진다. 그물이 덮쳐지면 그 안에 들어온 고기들은 잡혀 죽게 될 것이다. 사냥꾼이 짐승을 잡으려고 덫을 여기저기 놓았다. 동물들을 유인하기 위해 때로 덫의 모습을 위장해야 한다. 그래서 덫의 정체를 숨기기 위해 풀이나 나뭇가지로 덮어 위장시켜 놓았다. 잘 모르고 덫을 밟는 짐승은 잡힐 것이다.

건강한 신체를 지닌 유아, 어린이, 청소년, 군인에게 소위 '성전환'이라는 죽음의 그물을 내리고 죽음의 덫을 설치해 놓는다. 죽음의 그물과 덫을 위장시키기 위해 '인권', '평등', '차별 금지', '성불안 해소' 등 그럴싸한 표현으로 살짝 가려 놓는다.

친이슬람 반미국 버락 후세인 오바마 시대에 오바마 행정부가 건강한 신체를 지닌 미국인에게 극도로 성전환과 동성애를 지원하는 정책을 세우고 강행한 것은 우리의 상상을 넘어선다. 마치 미국 온 어린이를 성전환자로 만들려는 듯 도를 넘어 홍보하고 교육하며 막대한 재정을 지원해 강행하였다. 그늘진 욕망을 지닌 오바마는 미국 군대에도 '죽음의 덫'을 던졌다.

한 나라의 군대는 나라와 국민을 적의 침입으로부터 안전하게 방어하고 지킨다. 인류 역사상 호전적인 나라들의 침공으로 전쟁이 있었다. 중국이 자주 조선을 침략했으며, 일본도 조선을 침공했다. 이순신 장군이 거북선을 타고 일본군을 물리쳤다. 하지만, 일본의 영토 침략 야욕은 계속 불타올라 결국 무력으로 조선을 강제 점령하였다. 일본은 군사력을 키워 강력한 힘을 가지고 있었지만, 조선은 전쟁 준비가 되지 않아 침략을 막을 수 없었다. 결국, 조선은 나라를 빼앗기고 36년 동안 침략국 일본의 지배를 받게 되었다.

이것이 생생한 남북한의 역사다. 남북한은 호시탐탐 기회를 노린 일본의 무력 침략으로 나라를 빼앗기고 36년 동안 속국이 되어 지배를 받았다. 우리는 나라가 없었다. 나라를 빼앗겼다. 일본이 무력으로 우리나라를 강탈해 일본의 일부로 만들었다. 지금도 일본은 독도를 일본 땅이라 하면서 남한과 북한 영토 침공을 여전히 노린다. 남북한은 동족끼리 더 이상 분열하지 말고, 어서 속히 대화를 재개하여 남북한 힘을 합쳐 역사상 계속 우리 민족과 나라를 침략해 온 일본과 중국을 크게 경계하고 그들이 노리는 침입을 확실히 막아야 한다. 남북한 어서 속히 대화를 재개하자. 남북한 분열을 노리는 일본이나 중국, 다른 나라들에 의존이나 휘말리지 말고 남북한 속히 직접 대화를 재개하자. 우리 민족의 사명이다. 남북한이 상호 협력하고 합치면 침략국 일본보다 강해질 수 있다.

미국이 원자탄을 일본에 투하한 이후 일본군이 항복하고 철수함으로써, 우리 남북한은 해방될 수 있었다. 남북한은 오랜 세월 36년 동안 일본에 빼앗겼던 우리나라를 다시 찾을 수 있었다. 기독교 국가 미국 군대의 도움이 없었다면, 우리는 아직도 여전히 나라 없는 민족이리라. 평화는 힘을 통해 지켜진다(Peace through strength). 나라의 평화를 지키려면 강력한 힘, 군사적 경제적 힘이 있어야 한다. 군사력이 허약하면 그 나라는 하루아침에 무너진다.

미국은 평화로운 시기에 뉴욕 무역센터와 알링턴 미국 국방부(펜타곤)를 강타한 이슬람의 침공, 이슬람 9·11 테러 공격을 경험하지 않았던가?

9·11 공격은 21세기에 일어난 새로운 유형의 전쟁이었다. 그것은 기독교 국가 미국을 향해 이슬람 무장세력이 주도면밀하게 일으킨 전쟁이었다.

미국의 적들은 호시탐탐 기회를 노린다. 모든 국민이 매우 안심하고 평화를 즐길 때, 전혀 전쟁의 낌새를 느끼지 못할 때, 뜻밖의 이슬람 무장세력의 급습을 당했다.

아! 어찌 잊으랴!

나라를 지키는 군인은 누구보다 민첩하고 강력해야 한다. 군인의 신체는 흠 없이 건강하고 튼튼해야 하며, 어떤 강한 훈련도 견디어내고 어떤 맹렬한 전투에도 승리하도록 단련되고 연단되어야 함은 두말할 필요 없다.

나라를 정복하러 적들이 침공하는 위기 때마다 집중력이 강하고 강도 높은 훈련을 받은 군인들이 적들을 패배시켜 몰아냈다. 강철같이 단련된 신체와 정신력, 집중력, 군인들의 불타는 애국심과 전투력으로 나라는 안전하게 지켜지고 보호된다.

오바마 시대와 바이든 시대(2021-2024)의 미국 군인들은 어떠한가?

매우 미심쩍으며 수상하다. 군인들에게 성전환, 동성애를 조직적·정책적으로 교육하고 강압한다. 적국이 아닌 대통령 벼락 후세인 오바마가 성전환과 동성애를 미국 군대의 군인들에게 지속적으로 교육하고 강압한다(친이슬람 반미국 벼락 후세인 오바마는 교도소와 살인범까지 성전환 수술비를 지원하는 무법정책으로 미국을 파괴한다).

다시 말해, 벼락 후세인 오바마는 강력하게 훈련된 미국 군대에 성전환을 강압하여 군인들의 정신과 신체를 혼란시키고 병들게 만든다.

친이슬람 벼락 후세인 오바마는 미군 내에 성전환 확산을 위해 온 힘과 에너지를 쏟았다. 그래서 오바마 이전 강력한 미국 군대에 단 1명도 없던 성전환자가 오바마 집권 8년 동안 15,000명 이상 생겼다. 아니, 사실 그보다 훨씬 더 많은 수의 군인들이 성전환자로 되었다.

2024년 1월에 '성전환자 미국 재향군인 협회'(Transgender American Veterans Association)의 회원수가 163,000명이다(GP 2024.1.28). 결국, 오바마 재임 기간 동안 미국 군인들이 178,000여 명이 성전환자가 되었다는 말이다.

오바마 시대에 군복무를 하던 성전환자 군인들이 퇴역하여 '성전환자 미국 재향 군인협회'를 만들면서 세력을 넓힌다. 오바마는 많은 미국 군인들을 성전환자로 만들었다. 강력하게 훈련받고 단련된 군인들이 성전환하면서 의학적, 과학적, 역사적으로 검증되지 않은 위험스러운 영역으로 들어서게 된 것이다. 성전환 군인들은 전혀 예측할 수 없는 위태로운 지대로 들어섰다. 오바마의 부추김으로 그늘진 낯선 영역에 들어섰다. 그들은 한 달에 1번 호르몬 주사를 맞아야 하고, 자신도 모르는 신체 변화의 불안정 속에 놓이게 되었으며, 검증되지 않은 소위 '성전환'이라는 낯설고 어설프며 예측 불가능한 고통과 위험지대로 들어섰다. 오바마가 강행한 '군대 성전환' 정책은 도널드 요한 트럼프 대통령에 의해 폐지되었다.

미국 군대가 최강이기를 바라는 트럼프는 오바마의 성전환, 동성애 정책이 매우 파괴적임을 알기 때문에, '군대 성전환'을 폐지했다. 건강한 군인들의 몸과 정신을 해치는 성전환을 금지했다. 미국을 사랑하는 트럼프가 '군대 성전환금지' 명령을 내렸다. 오바마의 성전환을 따르는 이성을 상실한 민주당과 급진적 지도자들과 학자들이 반대했지만, 그는 단호하게 금지시켰다. 올바른 판단으로 정말 잘한 일이다!

성전환 과정과 수술이 군인의 신체와 정신에 고통을 주면서 나약하고 쇠약하게 만든다. 군인들의 신체와 정신을 압박하고 기능을 방해한다. 집중력을 흩트린다. 오바마가 강행한 '미국 군대 성전환'은 미국 군대를 '자체 붕괴'시키는 교활한 전략이요 전술이다. 친이슬람 반기독교 오바마는 미국을 붕괴시키려 성전환 전쟁을 선포하고 일으켰다.

오바마의 성전환, 동성애, 성소수자(LGBTQ) 정책을 미국을 사랑하는 트럼프가 폐지했다. 잘한 일이다! 오바마는 8년 동안 어린이 청소년 미국 군대에 자신이 심혈을 기울여 심어 놓은 소위 성전환, 미국이 몰락하도록 그가 던진 '죽음의 덫'이 트럼프에 의해 제거되는 것을 목도했다.

트럼프는 오바마가 국경을 개방해 수많은 불법자 무슬림을 유입하는 것을 막기 위해 합법적 이민정책을 강조하였다. 불법으로 침투해 미국인에게 해를 가하는 침입자들을 막으려고 현대식 국경 장벽을 건설하면서 미국국경을 튼튼히 하기에 힘썼다. 그는 오바마 시대에 성행한 범죄자와 무슬림의 불법 침투를 봉쇄하고, 미국을 안전하게 지키고 보호하는 정책을 구상해 시행하였다.

반미국·반기독교 벼락 후세인 오바마는 트럼프의 미국을 위한 정책, 다시 말해 오바마 자신이 사력을 다해 던진 '죽음의 덫' 성전환을 금지해,

미국 군대를 다시 강하게 복구시키고, 더 나아가 '우주군'(Space Army)까지 창설해 미국이 무한 군사강국으로 나아가는 트럼프 행정부의 정책을 목도해야 했다. 오바마의 마음이 얼마나 불편했을까 … 또한, 트럼프가 '현대식 국경 장벽'을 건설해 불법 범죄자와 무슬림의 미국 침투를 원천 봉쇄하고 미국을 안전하게 보호하는 것을 바라보아야 했다. 오바마의 국경 개방 정책이 트럼프로 인해 중단되고, 이제는 현대식 국경 장벽을 훌륭하게 건설해 미국과 미국인을 안전하게 보호하면서 미국이 더욱 위대해지는 것을 목격해야 했다. 오바마의 마음이 얼마나 못마땅했을까 …

친이슬람 버락 후세인 오바마는 군대 내 성전환 강압뿐 아닌, 국방비도 무섭게 삭감했다(『미국이 운다! 동성애: 대한민국도 울지 않게 하라』 참조). 그가 열렬히 시행하는 비정상의 성소수자(LGBTQ) 정책들이 명백히 보여주고 입증하듯, 그는 그만치 반미국·반기독교·친이슬람이다.

친이슬람 반미국 버락 후세인 오바마는 일국의 대통령으로서는 도저히 할 수 없는 잔악한 일을 미국 군대에 했다. 적의 침략에 대비해 고도의 훈련으로 강철 같은 정신력과 체력을 지녀 국방에 총집중해야 할 미국 군대에 성전환을 강압함으로써 전투력을 퇴락시켰다.

상상해 보라. 검증되지 않은 성전환이 군인들의 신체와 정신에 얼마나 나쁜 영향을 미칠지를 … 미국 군대를 내부적으로 괴멸시키는 정책이다.

성전환 강압으로 지휘관과 군인의 집중력이 분산되고 약화되며 몸과 정신이 점차 병들고 붕괴된다. 자살 충동을 느끼는 성전환자 공군이 전투기를 몰다 갑자기 추락할 수 있다. 전투나 업무수행 중에 성전환자 군인이 정신적 신체적 불안정으로 갑자기 돌발적 사태를 야기할 수 있다.

21세기에 인류역사상 도저히 '있을 수 없는 일'이 초강국 미국에서 계속해서(트럼프 시대 제외) 벌어지고 있다. 적국이 아닌 자국의 대통령에 의해, 군인들이 비정상으로 변질되고 건강이 파괴된다.

2001년 9월 11일 화요일 아침, 미국은 예상치 못한 이슬람 무장세력의 공격을 당했다.

그때는 전쟁의 기미가 전혀 없던 매우 평화로운 시기다. 돌연히 이슬람 급진파 알카에다 무장세력 19명이 미국을 향해 전쟁을 터뜨렸다. 21세기 새로운 유형의 전쟁이 발발했다. 그들은 미국 동북부에서 캘리포니아주로 향하는 민항여객기 4기를 납치해 미국 침공을 개시하였다. 이슬람 무장세력들은 납치한 민항여객기로 아침 8시 46분경 뉴욕 무역센터 북쪽 타워를 급습하였다. 그리고 9시 3분경 세계무역센터 남쪽 타워로 비행기가 직선으로 뛰어들며 공격하였다. 미국경제의 상징 110층 쌍둥이 빌딩은 화염에 휩싸이면서 1시간 42분 만에 붕괴되었다. 또한, 워싱턴에서 이륙한 항공기를 납치하여 국방부 본부(Pentagon)건물을 공격하고 파괴하였다. 납치된 항공기는 워싱턴 국회 의사당 또는 백악관을 공격하려 했지만, 미국 시민 승객들의 용기 있는 대항으로 10시 3분경 펜실바니아주 생크스빌 들판에 추락하였다. 애국자들의 목숨 건 투쟁이 백악관과 국회의사당을 위기에서 구할 수 있었다.

미국을 증오하는 이슬람 세력은 미국의 경제와 국방과 정치의 중심부를 가차 없이 급습하였으며 잔혹한 공격으로 불시에 3,000여 명을 죽였다. 이슬람 무장세력은 미국 정부나 미국인이 전혀 상상하지 못한 아주 평화로운 시기에 무자비한 전쟁을 터뜨렸다. 납치한 여객기로 세계 무역센터 빌딩을 급습해 불덩어리로 만들었다. 펜타곤을 불시에 습격해 일부 건물을 화염 속에 파괴시켰다. 국회 의사당이나 백악관도 공격하려 했지만 실패했다. 이슬람의 테러 전쟁은 핵심적이고 잔악했다.

오늘날도 9·11 공격처럼 그들은 미국에 갑자기 전쟁을 일으킬 수 있다. 기독교 국가 미국을 증오하는 무슬림들이 갑자기 미국 내외에서 공격해 올 수 있다. 아주 평화로운 시기에, 모두 마음 놓고 있을 때, 돌연히 공습을 개시할 수 있다.

그들은 기독교 국가 미국을 노린다. 미국이라는 나라가 친이슬람 버락 후세인 오바마의 유도로 본래의 기독교 정신을 상실하고, 하나님을 거역하며, 반윤리적으로 살아갈 때, 적들은 호시탐탐 기회를 엿본다. 오바마의 강요로 미국인이 반성서적이고 해로운 '성전환-동성애의 늪'에 빠져 허우적거리며 하나님의 창조법을 거역하고 쾌락과 타락의 수렁에서 헤어나지 못할 때 그리고 기도하기를 잊어버렸을 때 적들은 좋아서 손뼉 친다.

오바마의 명령으로 학교에서 기도와 성서를 금지하고 미국의 기독교 정신을 무시할 때 그들은 웃는다. 오바마의 유도로 미국을 건국한 선조들의 신앙과 눈물과 피를 잊어버리고, 숭고한 미국의 역사를 비난하면서 왜곡시킬 때 적들은 잔인한 미소를 짓는다. 오바마의 정책으로 미국이라는 나라가 국경을 개방해 허다한 무슬림과 범죄자를 유입시키고 뉴욕과 대도시 각 주에 정착하도록 지원하면서 반미국 세력을 형성시킬 때 적들은 춤을 춘다. 오바마가 유도한 세력이 애국자와 위인의 동상을 부수고 성서에 기초한 미국 문화를 무시하며, 상호존중 아닌 인종분열, 성소수자 대립 등 상호갈등 속에 빠져들어 심각히 분열될 때, 미국을 증오하는 자들은 호시탐탐 기회를 살피다 가장 최적기에 공격해 올 것이다!

9·11공격이 일어났듯이, 우리가 전혀 느끼지 못하고 예상치 못할 때, 미국의 적이 극단의 전쟁을 터뜨릴 수 있다. 적들이 침투해오면 미국의 운명은 군인들의 전투력에 달렸다. 군인들은 항시 적의 침입에 대비해 철통같은 전투태세를 갖추어야 한다. 군인들이 틈을 보인다면 적군은 사정없이 이빨을 드러내고 더욱 맹렬하게 달려들기 때문이다.

군대의 힘이 강력해야 '힘을 통한 평화'(Peace Through Strength)가 온다. 미국 군대의 힘이 약하다면 미국의 평화도 지켜질 수 없다. 자유와 민주주의 표상 미국의 평화가 지켜질 수 없다면, 세계 자유민주주의 국가들의 평화도 지켜질 수 없다.

미국 군대가 허점을 별로 보이지 않던 2001년 9월 11일에도 적은 미국 내부와 국방부 본사를 공격하고 의사당이나 백악관까지 폭격하려 했다. 미국 중심 지도부를 해체하여 미국을 몰락시키려는 무슬림의 고도의 전술이요 작전이었다. '하나님 아래 한 나라 미국'을 증오하는 자들은 기회를 노린다. 오바마의 성전환 강압으로 미국 군대가 취약해지기를 손꼽아 기다린다.

2) 공격의 기회를 노리는 적의 세력

미국이 아주 평화로울 때 잔인하게 돌진해온 이슬람 9·11 공격은 신유형의 전쟁이었다. 기독교 국가 미국을 증오하는 이슬람 세력이 일으킨 무자비한 전쟁이었다. "하나님 아래 한 나라' 미국'을 증오하는 자들은 공격의 기회를 노린다. 오바마의 성전환으로 미국 군대가 취약해지기를 손꼽아 기다린다.

미국을 지키는 군인들은 지금 어떤 상태에 있는가?

잘 훈련된 군사로서 적들의 침입을 충분히 방어할 수 있을까?

미국 국방은 튼튼하고 안전한가?

국경선은 잘 방어되고 있는가?

국경을 넘어 불법적으로 침입하는 무리를 잘 막아내고 있는가?

'하나님 아래 한 나라' 미국이 정말 안전하게 잘 지켜지고 있는가?

군인들은 무엇보다 자기 나라 '미국'을 잘 지키고 있는가?

군인들은 육체적, 정신적 하자 없이 세계에서 가장 강인한 군대로 애국심과 충성심에 불타오르고 있는가?

예기치 못한 전쟁이 발발하면 군인들은 정신력과 체력을 총집중해 전투에 총력을 다할 수 있을까?

이런 질문에 대답하기 어렵다.

지금 미국 군인들은 갑작스러운 이슬람 9.11 공격이나 그보다 더 광범위한 적의 침략에 대비해 적군을 즉각 패배시킬 만반의 전투태세를 확실히 갖추었는가?

오바마 집권 8년 동안, 미국 역사상 또한, 인류 역사상 최초로 군대에마저 성전환, 동성애가 교육되고 강행되었다. 참으로 이상한 일이다.

어느 어리석은 지도자가 전투에 임할 자기 나라 군인들에게 성전환, 동성애를 강요하며 확산시킬까?

도저히 있을 수 없는 일이 초강국 미국 군대에 버락 후세인 오바마에 의해 일어난 것이다. 미국 역대 대통령들과는 전혀 다르게, 무슬림 이름을 지닌, '버락 후세인 오바마'만이 할 수 있는 정책이다.

친이슬람 버락 후세인 오바마의 성전환, 동성애는 미국 군대 파쇄 작전이다. 그 정책을 미국을 사랑하는 트럼프가 중단시켰다. 트럼프는 오바마의 파괴 정책을 철폐시켰다. 그런데 2019년 갑자기 우한 바이러스(후에 코비드-19으로 칭해짐)가 터지고 정상적인 대부분의 활동이 정지되면서, 2020년 대통령 선거와 개표마저 다르게 진행되었다.

그리고 예상치 못한 이변이 생겼다. 바이든이 미국 대통령 선거 역사상 전혀 불가능한 8천만 표 이상을 득표하였다. 그리하여 미국 대통령 투표 사상 최고 득표 7천만 표 이상을 마크한 트럼프보다 앞서는 믿기 어려운 이변이 벌어졌다. 트럼프와 지지자들은 "투표 도둑질을 멈추라!" (Stop stealing!)고 항의하면서 투표와 개표과정에 중대한 문제점들을 제기하였다.

수많은 증인이 나와 투표와 개표의 부정과 문제점을 증언하였다. 대 언론은 선거와 관련된 문제 보도를 모두 차단했다. 미국 역대 대통령 중 최고 득표를 받은 트럼프 대통령은 부정직한 결과에 승복하지 않았다. 대통령 선거에서 8천만 표를 득표한다는 것은 전혀 있을 수 없는 일이다. 결코 일어날 수 없다. 오바마가 재임 기간 8년 중에 '선거 조정' 방법을 강구하였으며 2020년 대통령 선거 결과가 그 때문이라고 말하는 이도 있다.

오바마의 바이든이 불가능한 선거 결과를 통해 트럼프를 밀어내고 미국 제46대 대통령으로 취임하면서(트럼프는 취임식 참석 거부) 미국에 어떤 변화가 왔을까?

트럼프를 밀어내고 오바마에게 조종 받은 바이든은 무엇을 최우선 과제로 추진했는가?

바이든이 백악관에 들어오자 버락 후세인 오바마가 확립한, 그러나 트럼프는 폐지한, 성소수자(LGBTQI) 정책들이 속히 복구되었다. 마치 오바마의 성소수자 정책들을 다시 살리기 위해 대통령이 된 것처럼 … 트럼프가 폐지한 오바마의 국경 개방정책도 다시 복구되었다. 임기 첫날부터 급속히 트럼프가 폐지시킨 오바마의 성소수자 정책들을 복구한다.

바이든은 왜 그래야만 했을까? 반인륜적·반성서적 성전환, 동성애가 그처럼 다른 무엇보다도 더욱 중요하다는 말인가?

미국 44대 대통령 버락 후세인 오바마, 역대 대통령 중 퇴임 후에도 유일하게 워싱턴에 거주하면서 백악관을 컨트롤하는 친이슬람 오바마 때문일 것이다.

오바마는 그가 심혈을 기울여 미국에 심어 놓은 성전환, 동성애를 다시 살리려 트럼프를 밀어내려 한 것일까?

바이든의 급속한 정책추진을 보면 왜 그가 시급히 백악관으로 들어와야 했는지, 무엇이 오바마를 불안하며 조급하게 만들었는지의 그 이유가 일부 보인다.

3) 오바마의 정책이 살아나다

미국 대통령 선거 역사상 전혀 불가능한 8,000만 표 이상을 득표하고 백악관에 들어온 46대 대통령 바이든은 무엇을 가장 시급히 추진했을까?

2021년 1월 20일, 미국 46대 대통령 임기 첫날이다. 바이든은 가장 실질적이고 포괄적인 성소수자 행정 명령을 내렸다. 이 명령은 오바마가 선언한 성적지향성(sexual orientation, 2012년, 동성애), 성 정체성(gender identity,

2015, 성전환)을 근거로 차별에 맞서 널리 보호 받도록 하는 명령이다. 설명하자면 동성애나 성전환도 정상적인 것으로 인정해 널리 수용해야 하며, 비정상적인 것으로 간주해 차별하면 안된다는 뜻이다.

또 이날 바이든은 인종 평등(Racial Equity)과 소외된 공동체(undeserved communities)를 지원하는 평등 명령(Equity Order)을 발동했다. 이 행정 명령은 인종 평등과 성소수자를 포함한 소외된 공동체가 연방정부를 통해 지원받아 더욱 평등해지도록 하는 것이다. 인종 평등은 보편성을 지니지만, 성소수자는 보편성 아닌 주관적 선택의 문제인데, 굳이 아무 관련 없는 둘을 연결해, 마치 성소수자 문제가 인종 문제와 동등한 수준으로 보이게 위장했다.

인종은 선천적으로 주어지는 보편적 문제이므로 인종을 근거로 차별하면 안 된다. 인종 평등은 맞는 말이다. 하지만, 성전환, 동성애는 전혀 다른 범주다. 성전환, 동성애는 개인이 주관적으로 결정하고 선택하는 문제다. 인종은 마음대로 선택할 수 없이 보편적으로 주어진 사항이지만, 성전환, 동성애는 내가 결단해 거부할 수 있는, 선택 가능한 사항이다.

그러므로 주관적이고 선택적인 '성전환', '동성애'를 객관적이고 보편적인 '인종'과 같은 레벨에서 거론할 수 없다. '인종 평등'처럼 '성소수자 평등'에 대해 말할 수 없다. 성소수자는 주관적 선택의 문제, 즉 개인이 해로운 삶의 방식대로 살기로 잘못 결정하고 선택한 문제이다.

그러므로 인간 존재를 해치는 '유해한 삶의 방식'을 스스로 선택한 자를 동등하게 대우하지 않는 것은 잘못이 아니다. 삶의 보편적 가치를 허물고 주관적으로 '해로운 삶의 방식'을 선택해 인간 존재를 병들게 하고 계속 제거하는 사람에게는 그에 대한 응보가 따라야 하기 때문이다. 그래야 사회는 정상적으로 발전하고 번영하며 건강해진다.

대통령 임기 첫날에 바이든은 성소수자를 옹호하는 행정 명령 두 가지를 발동한 것이다. 트럼프 시대에 폐지된 제44대 대통령 버락 후세인 오바마의 '성전환', '동성애' 시대가 다시 시작됐다는 신호탄이 쏘아졌다.

무엇이 그리 급하다고 46대 대통령 임기 첫날부터 국민을 병들게 하고 인구를 급격히 감소시키는 인간 파괴적인 성전환, 동성애 정책에 초점을 둘까? 대통령 임기 둘째 날 1월 21일이다. 바이든은 전임 트럼프의 '다양성 훈련 금지' 명령을 폐지하였다.

바이든은 왜 그처럼 서두를까?

미국 사회에 성전환, 동성애, 양성애 등이 그다지 시급하단 말인가?

오바마의 소위 '다양성 훈련'이란, '다양성'이라는 명칭으로 성전환, 동성애를 확산시키는 정책이다. 다시 말해 해로운 비정상적인 삶의 방식, 미국 인구를 급격히 줄이는 반과학적 성전환, 동성애를 억지로 정상적인 삶의 방식으로 사회에 수용하게 만드는 오바마의 악한 '위장 정책'이다. 사실을 말하자면, 성전환은 성전환이고, 동성애는 동성애다. 양성애는 양성애고, 간성애는 간성애다. 성전환, 동성애, 양성애, 간성애는 모두 반자연적인 것으로, 정상이 아니며 다양성에 포함시킬 요소가 결코 아니다. 오바마의 논리대로라면 나쁜 행위, 도둑도, 폭력도, 마약도, 간음도, 좋은 행위처럼 다양성에 포함시킬 수 있다는 것인데, 도둑은 도둑이고 폭력은 폭력이다. 마약은 마약이며 간음은 간음이다. 그것들은 정상 행위처럼 수용될 수 없는 해로운 요소들이다.

왜 오바마에게는 미국인과 군대를 성전환자·동성애자로 만드는 것이 그처럼 매우 중요하고 급할까?

미국인의 생육과 번성을 원천에서 봉쇄하고, 군인의 집중력을 흩뜨리며, 신체와 정신을 병들게 해 붕괴시키는 성전환, 동성애 삶의 방식을 정상적인 것으로 수용할 수 없음은 너무 분명하지 않은가?

친이슬람 오바마의 정책들은 미국인이 근본적으로 생육하고 번성할 수 없도록 만드는 데 집중되었다. 또 미국 군인이 신체적 정신적으로 붕괴되어 전투를 할 수 없게 만드는 데 집중되어 있다. 다시 말해 사람의 신체를 해치는 비정상의 성전환, 동성애를 '정상으로 둔갑시켜' 미국인과 미국 군인에게 널리 확산시키는 데 집중되어 있다.

대통령이 자국의 국민과 군대에 어찌 그럴 수 있는가?

대통령 트럼프는 44대 대통령 오바마의 '다양성 훈련'을 폐지시켰다. 즉, 오바마가 미국에 성전환, 동성애를 확산시키기 위해 미국연방기관 계약자, 연방 자금 수혜자를 대상으로 실시한 인종, 젠더의 '다양성 훈련'을 금지했다. 참으로 잘한 일이다! 그런데 인류 역사상 오바마가 최초로 수립한 '성전환', '동성애' 확산 정책의 하나인 소위 '다양성 훈련'을 바이든이 급속히 재개한 것이다. 너무 어이없고 안타까울 뿐이다.

2021년 1월 25일, 이날은 매우 슬픈 날이다. 미국이 또다시 공격 받은 날이다. 미국과 미국 군대가 친이슬람 버락 후세인 오바마에 의해 전격적으로 다시 파괴당하기 시작한 날이다. 미국을 사랑하는 트럼프가 내린 '군대 성전환금지' 명령을 오바마의 조종을 받은 바이든이 폐지하고 오바마의 '군대 성전환' 정책을 다시 복구한 날.

반미·친이슬람 오바마가 '미국 군대 성전환'을 밀어붙였는데, 미국 군대를 무너뜨리는 정책을 왜 바이든이 다시 복구할까?

바이든과 민주당은 군인들이 성전환자되어 육체와 정신이 병들고 붕괴해도 괜찮다는 말인가?

바이든과 민주당은 미국 군대가 성전환과 동성애로 병들어 전투력이 흩어져도 미국이 안전하게 지켜질 수 있다고 생각하는가?

정말로 그처럼 무사태평 안일하게 사고하는 걸까?

버락 후세인 오바마의 그럴싸한 위장과 유혹에 휘말려 들어간 바이든과 민주당은 이 문제에 관한 한 올바른 판단력을 완전히 상실했다.

오바마가 퍼붓는 더 높은 지위, 더 많은 사탕발림, 더 많은 돈 때문일까? 그래서 자기 나라 군대를 위험에 빠뜨리는가?

왜 민주당은 공화당처럼 오바마의 성전환, 동성애를 반대하지 않는가?

왜 오바마의 성전환, 동성애를 비판하지 않는가?

나라를 지키는 군인들이 비정상으로 변질되면 미국은 순식간에 무너진다.

바이든과 민주당은 군대에 위험한 성전환을 굳이 강압하는 오바마가 낯설고 이상하지 않은가?

군인은 신체와 정신이 가장 건강하고 강인해야 한다. 전투에 대비해 정신적, 신체적 '집중력'이 강인해야 한다. 그런데 버락 후세인 오바마가 군인을 성전환자와 동성애자로 만들어, 육체와 정신이 산만해지고 고통스러우며 점차 병들게 만든다. 성전환자의 자살 충동률은 정상인보다 1000배, 수술 후도 100배 높다고 알려졌다. 높은 자살 충동률이 보여주듯, 성전환자는 육체적 정신적으로 붕괴되는 상태에 놓여있다.

성전환자의 자살 충동률이 정상인보다 1000배 정도 강한데도 오바마는 집요하게 미국 군대에 성전환을 강압하는가?

그는 미국 군인들이 자살하기를 바라는가?

너무 잔인하고 수상하다. 미국 '군대 성전환 강압'은 버락 후세인 오바마가 '미국 역사상' 또한, '인류 역사상' 최초로 자국의 '군대에 도입한 것'이며, 미국 군대 '붕괴 작전'이다. 미국 국방을 허물고 무너뜨리는 악한 정책이다. 그런 일은 오직 미국의 적(enemy)만이 할 수 있다.

오바마가 움직인 바이든이 트럼프가 폐지한 '군대 성전환'을 복구함으로써 버락 후세인 오바마 시대 형성된 15,000여 명의 성전환자들이 군대에 다시 복무할 수 있게 되었다. 버락 후세인 오바마 시대가 살아났다. 취임 첫 주에 바이든은 트럼프의 '군대 성전환 금지' 명령을 철폐하고 오바마의 '군대 성전환' 정책을 복구하였다.

'군대 성전환금지' 정책이 얼마나 못마땅했으면 취임 첫 주에 '군대 성전환' 정책을 복구할까?

나라를 지키는 군인들이 신체적, 정신적으로 흠 없고 강인해야 함은 국방의 기본이고 기초다. 하지만, 기본과 기초조차 없는 버락 후세인 오바마는 핵심인 미국 국방 기초를 허무는 일에 재착수하였다.

미국 군대 군인들을 소위 '성전환자'(검증되지 않은 매우 파괴적인 의술)로 만드는 시도는 절대로 해서는 안 된다. 그런 일은 오직 미국을 증오하고 허물기 원하는 미국의 적(enemy)이 할 수 있다. 이슬람 9·11 테러처럼 그것은 미국 군대를 향한 테러성 위장 습격이다. 미국 국방을 허무는 위장공격에 민주당과 지도자들이 멍청하게 합세해 하나님의 축복을 받은 나라, 초강국 미국 군대를 위기에 던져 놓았다.

오바마는 코비드-19 사태로 등장한 바이든 집권을 이용해 미국인과 군인을 성전환자 동성애자로 만들어 미국과 국방을 허무는 목표에 집중한다. 그래서 바이든은 2021년 1월 20일 대통령 취임 첫날부터 오바마의 소원대로, '성전환', '동성애', '성소수자' 정책을 급속히 복구시켜 강행 중이다.

나라를 지키는 군인이 육체적, 정신적으로 정상이고 강력해야 함은 기초이건만, 친이슬람 오바마가 성전환, 동성애로 미국 군대를 허문다. 전시에 대비해 강도 높은 훈련으로 강철처럼 강인해야 할 군인을 성전환자로 만든다.

그런 일을 상상이라도 할 수 있는가?

오바마는 보통 사람이 상상조차 할 수 없는 비정상의 정책을 고안해내어 강행하고 있다. 버락 후세인 오바마는 미국 군대를 소위 '성전환'이라는 위태로운 영역으로 마구 밀어 넣는다. 그로 인해 초강국 미국 군대가 점차 약화되며 예측불허의 '위험지대'로 들어서게 되었다.

그는 왜 그렇게 해야 할까?

2021년 바이든이 임기를 시작하면서 성전환, 동성애를 즉각 복구했음은 코비드-19 시기에 진행된 선거를 통해 그가 왜 백악관에 들어와야 했는지 그 이유를 일부 알려준다. 트럼프가 건설하는 국경 장벽을 중단시키고, 미국을 다시 성전환자와 동성애자의 나라로 만들기 위해, 오바마는 모든 수단과 방법을 가리지 않고 온 힘을 다해 밀어붙여야 했었다. 그것은 또한 집권 8년 동안 친이슬람, 반미국, 반기독교 정책을 맹렬히 펼친 오바마 자신이 트럼프에게 받을 수 있는 큰 비난과 책임을 모면하고, 살아남기 위한 방편일 수 있다

4) 성전환자 군대로 만들기

급속히 벌어진 상황에 다시 질문해 볼 수 있다.

왜 오바마는 미국을 성전환, 동성애, 양성애, 퀴어, 간성애 등 비정상 성소수자의 나라로 만들려고 그토록 애를 쓰는가?
왜 미국 군대에 성전환을 끈질기고 집요하게 강압하는가?
다른 대통령들은 전혀 상상조차 하지 못할 비정상의 해악한 일을 버락 후세인 오바마는 유별나게 정책으로 세워 지속적으로 밀어붙인다.
왜 그럴까?
2023년 2월 오바마가 조종한 바이든의 국방부는 '성전환자 복무정책'(Transgender Service Policy)을 조용히 확장했다. 러시아의 우크라이나 침공과 계속되는 전쟁으로 사람들의 관심이 그리로 쏠리는 때, 미 국방부 본부(Pentagon)에서 조용히 성전환자 정책을 확장한 본보기의 보고를 군대준비센터(The Center for Military Readiness)가 마련했다. 보고서에는 최소한 2016년 이전에 대비해 6가지 중요한 차이가 있다.

첫째, 국방부는 성전환 이념(transgender ideology)을 반영하는 어휘를 바꾼다.

둘째, 세부적으로 병역 아카데미(military service academies)와 ROTC 프로그램에 관련시킨다.

셋째, 지휘관(commanders)은 모든 주장되는(alleged) "성전환자 개인에 반하는 성향"(biases)에 직접 책임을 진다.

넷째, 진영 외에서와 마찬가지로 진영 내에서도 교차-복장(cross-dressing)과 다른 전환(transitioning) 행위들을 허용한다.

다섯째, 만약 치료가 성불안감(gender phoria)을 해결하지 않는다면 "탈-전환"(de-transition) 절차를 허용한다.

여섯째, 성적 지향성과 성전환 개인에 관련된 "해로운 행동의 사건들"에 대한 자료의 수집과 공개를 제한한다. 비록 입법 목적(legislative purpose)을 위한 것도 제한한다(리얼 클리어디펜스, 2023.2.18. GP, 2023.2.24).

미국 군대에 반론 없이 성전환을 크게 퍼뜨려 군대를 무너뜨리려는 오바마의 치밀한 계획이 나타난다.

첫째, 바뀐 어휘의 예를 들자면 이전에 사용하던 '선호하는 성'(preferred gender) 대신, '자기식별 성'(self-identified gender)이라는 어구를 사용한다. 국방부 지침에 따르면, 만일 개인이 자기식별(self-identifies)로 반대의 성(sex)을 말하고 국방부 등록자격보고시스템(Defense Enrollment Eligibility Reporting System)이 개인의 관료적 '성별 표시'를 바꾸었다면 '여자'라고 주장하는 생물학적 남자는 '여자'로 취급되어야 하며, 역으로 '남자'라고 주장하는 생물학적 여자도 '남자'로 취급되어야 한다. 자연적이고 과학적인 생물학적 성별이 아닌, 자기가 선호하는 성, 개인 각자가 주장하는 성(gender, 성 또는 성별)을 인정해야 한다고 역설한다.

이런 국방부 지침이 말이 되는가?

동물이 자신의 성별을 마음대로 결정할 수 있나?

우리는 나의 의지와 상관없이 '남성'으로, 또는 '여성'으로 태어났다. 일단 여성으로나 남성으로 태어나면, 우리는 그 성을 바꿀 수 없다. 우리는 인간을 '남성'과 '여성'으로 지으신 창조주 하나님이 아니며, 우리 마음대로 성을 바꾸거나 만들 수 있는 능력이 없다. 간단히 우리는 온 우주 만물과 인간을 지으신 창조주가 아니다. 사람은 창조주가 아니다. 피조물인 사람은 자신이 할 수 있는 영역과 할 수 없는 영역을 바로 알고 인정해야 할 것이다. 사람이 할 수 없는 영역을 하려고 시도할 때, 예측 불가능한 사태가 따라온다. 사람이 할 수 없는 영역, 즉 '성'을 바꾼다고 또는 '성'을 만들겠다며 무모하게 시도할 때, '하나님 형상'으로 지음 받은 '고귀한 인간 존재'는 망가지고 파괴된다. 시름시름 병들어 비정상의 이지러지고 상처투성이, 예측 불허의 존재로 변한다.

생각해보라. 어떤 사람이 고양이 암컷을 수컷으로 만들겠다고 무리한 시도를 한다. 어린 고양이에게 약물을 투입해 자연적 성장을 방해하고 전환 호르몬을 투입한다. 고양이의 가슴을 자르고 생식기를 제거한다.

건강한 고양이가 그런 모든 과정을 견뎌낼 수 있다고 생각하는가?

사람이 의술로 고양이 암컷을 수컷으로 만들 수 있을까?

고양이가 상처 입고 병들 것이다. 심지어 너무 고통스러운 학대에 죽을 것이다. 사람은 고양이 수컷을 암컷으로 또는 고양이 암컷을 수컷으로 만들 수 없다. 그것은 사람이 할 수 없는 영역이다, 수의사는 정직하게 동물의 성전환을 할 수 없다고 말해야 한다. 마찬가지로 사람은 남성을 여성으로 또는 여성을 남성으로 전환할 수 없다. 그것은 사람이 할 수 있는 영역이 아니다. 고양이 강아지 같은 동물을 성전환 시킬 수 없는 것이 확실하듯 사람에게도 마찬가지다. 아무런 전임상시험을 거치지 않고 직접 사람에게 소위 성전환을 시험하면서 시행하고 있다. 그것은 고양이를 학대하듯 지독한 인간학대다. 불가능한 것을 가능하다고 거짓말하면서 섣부른 의술을 행하여 인간신체를 해치는 악이요 불법이다.

창조주가 사람을 '남성'과 '여성'으로 지으셨고, 남성이나 여성으로 태어난 사람은 다른 성으로 바꿀 수 없다. 다른 성을 만들 수도 없다. 그 영역은 '창조주의 영역'이기 때문이다. 하나님이 지으신 사람과 그 외 다른 동물도 수컷과 암컷으로 번성한다. 사람이 '성'을 마음대로 만들거나 바꿀 수 없으며, 마찬가지로 사람이 다른 동물의 성도 만들거나 바꿀 수 없다. 그 영역은 생명체를 창조하신 하나님의 영역이다!

생물학적 남성이 자신을 여성으로 주장한다고 그가 여성이 되지 않는다. 남자가 여자로 되고자 성전환 수술을 해도 생물학적 남자는 결코 생물학적 여자가 될 수 없다! 성의 영역은 창조주의 영역이지 인간의 영역이 아니기 때문이다. 인간은 창조질서나 자연질서를 바꿀 수 있는 창조주가 아니다. 성을 전환하겠다는 인간의 무모한 시도는 단지 인간 신체와 정신을 비정상으로 만들고 망가뜨릴 뿐이다.

둘째, 군대에 성전환을 교육하고 세뇌해 미국 군대를 파쇄하려는 의도를 여실히 드러낸다.

왜 병역 아카데미와 ROTC 훈련에 반과학적, 반자연적이며 하나님이 지으신 인간 육체를 해치고 파괴하는 성전환 이념을 포함해야 하는가?

그것은 미국 군인을 반과학적 시술과 이론으로 세뇌하고 해치려는 지침이다. 심각한 문제다.

왜 병역 아카데미와 장교훈련에 검증되지 않은 반과학적 반인류적 반성서적 '성전환 이념'이 들어가야 한단 말인가?

검증되지 않은 위험한 성전환, 거짓된 성전환을 군대교육과 훈련에 포함하지 말아야 하는 것은 기본 상식 아닌가?

셋째, 지휘관에게 모든 성전환에 대한 반대성향을 책임 지우는 것은 큰 문제다. 그 것은 지휘관이 성전환에 반대할 수 없도록 만든다. 또한, 전투태세, 전투력 향상에 오직 전념하고 연구하며 몰두해야 할 지휘관에게 성전환으로 시선을 돌리도록 만든다. 결국 지휘관의 집중력을 분산시키고 흩뜨려 미국 군대 지휘관으로서의 본래적 임무를 수행할 수 없도록 만든다.

다시 말해, 지휘관과 군인의 전투력을 의도적으로 분산시키고 약화시킨다. 그러면서 군대 지휘관들, 의사들, 간호사들, 군목들은 어떤 반론 없이 성전환 이념을 승인하고 따라야 한다고 억압한다.

> 모든 레벨의 군대 지휘관들 의사들과 간호사들, 군목들, 남자와 여자 군인들은 이런 이념적 믿음을 승인해야 하며, 이런 이념 위에서 행동해야 하며, 만일 그렇게 하지 않는다면 경력 페널티(career penalties)를 당해야 한다(리얼 클리어디펜스[Real Clear Defense], 2023.2.18.).

군대는 지휘관의 영향을 절대적으로 받는다. 군인 지도부를 성전환 이념으로 교육하며 검증되지 않은 소위 성전환에 어떤 반론도 제기하지 못하도록 탄압한다. 군인지도부가 해로운 성전환에 무조건 찬성하며 따르라고 명령한다. 미국 군대를 일사불란하게 성전환자로 만들려는 은밀한 기획이 엿보인다. 성전환 이념에 찬성하지 않으면 불이익을 당한다고 협박하면서, 미국 군대를 성전환으로 몰고 가는 무법의 반 민주주의적 지침을 내렸다.

여기가 민주주의 국가 미국인가?

미국 군대가 맞는가?

넷째, 미국 군대의 윤리와 질서를 어지럽히고 혼란스럽게 만든다. 군대는 어느 기관보다 질서정연해야 한다. 그럼에도 불구하고 성전환 지침을 통해 군인들의 복장과 행동을 교란함으로써, 사고력을 둔화시키고, 바른 판단력을 상실하게 만든다. 결국, 군인 정신을 해이하게 한다. 산만하고 느슨하며 무질서하게 만든다. 그리하여 군대내 기강을 무너뜨리고 혼란을 조성시킨다. 바른 가치관을 지니고 애국심에 불타야 할 군인들에게 반자연적·반인륜적 행동을 조장시켜 윤리관을 상실하도록 만든다.

엄중한 질서와 기강이 바로 서야 할 군대 진영 내에 무질서와 혼란이 계속 발생하도록 유도한다. 적과의 전쟁은 용서가 없다. 전쟁은 냉혹하다.

평상시 부대 진영 내에서 반자연적이고 혼돈되며 무질서한 군인들이 전투에서 강인한 집중력을 발휘하리라 기대할 수 있는가?

"집에서 새는 바가지 밖에서도 샌다"라는 옛말이 있다.

무질서하고 혼란스러운 부대 진영에 익숙해진 군인들이 전투에 집중할 수 있을까?

부대 진영 내 환경을 부도덕하고 혼란스럽게 만든다면, 그런 환경에 적응한 군인들은 냉혹한 전투에서도 무질서하고 혼란스럽게 헤맬 것이다. 또 성전환자 군인이 육체적 정신적으로 점차 붕괴하면서 전혀 예상치 못한 문제를 일으킬 수 있다.

왜 버락 후세인 오바마는 군대 진영을 자연에 역행하는 행위, 무질서와 혼란의 장소로 만들려고 그처럼 몹시 애를 쓰는가?
왜 미국 군인들이 타오르는 애국심과 충성심, 올바른 판단력을 상실하고 무질서 속에 헤매도록 부대 내 환경을 조성하는가?
미국 군대가 서커스장인가?
왜 부대 내에서 생물학적 남자가 여장을 하고 왔다 갔다 하게 만드나?
미국 군대가 적군이 노리는 '시험 무대'인가?
미국 군대가 버락 후세인 오바마의 '성전환 시험장소'인가?
왜 지휘관, 전문가, 목사, 의사가 반대 의견 없이 따르라고 강압하는가?

다섯째, 성전환 이후 '성 불안감'이 해소되지 않으면 '탈전환'을 허락한다는 지침은 사악하다. 검증되지 않은 성전환을 무리하게 확산시키고 탈전환도 하도록 유도하면서, 건강한 신체를 파손해 '군 부적격자'로 만든다. 하지만, 소위 성전환은 누구에게도 강요할 수 없고 국가 정책으로 세워서도 안 되는 것이다. 군인에게 검증되지 않은 소위 성전환을 정책적으로 강압하는 것은 절대로 해서는 안 될 사항이다. 그렇게 할 수 없는 것이다.
'몸에 칼을 대지 말라'는 옛말이 있다.
소위 '성전환-탈전환' 하면서 사람의 신체가 견디어 낼 수 있을까?

사람의 몸이 말할 수 없는 학대와 고통을 겪는다. 전투에 대비해 강인하게 신체를 단련하고 강도 높은 훈련을 받으며 전력투구해야 할 군인을 '성전환-탈전환' 과정에 묶어두어 군인 부적격자로 만든다. 군대가 국방력과 전투력 강화가 아닌, 성전환-탈전환 시술에 시간과 재정을 엄청나게 쏟게 만들고, 결국 군인의 몸과 정신을 비정상으로 망가뜨리며 무너뜨린다. 미국 국방과 안보를 붕괴시킨다.

적의 침입에 대비해 빈틈없이 강하게 훈련받아야 할 미국 군인들을 '성전환-탈전환'으로 병들게 만드는 버락 후세인 오바마의 정책을 미국이 용납할 수 있는가?

군인이 고통스러운 성전환 수술로 2-3개월 쉬고 탈전환으로 신음해도 국가 안보에 아무 문제가 없는가?

군대 성전환이 적과의 전투에 이상 없다는 억지를 부리면서 반론 없이 수용하라고 협박하나?

이슬람 9.11 테러공격처럼 무장한 적이, 아니 그보다 더 큰 대규모의 적군이 기회를 노리다 급습해 오는데 성전환-탈전환으로 군인들이 시름시름 누워있어도 미국국방에 전혀 문제없다는 말인가?

여섯째, "성적 취향, 성전환 개인에 관련된 '해로운 행동사건'에 대한 자료의 수집과 공개를 제한하며, 비록 입법 목적(legislative purpose)을 위해서도 제한 한다"는 지침은 사악하다. 그 지침은 비밀리에 미국 군인을 동성애와 성전환으로 몰아가는 반역이다. 그런 반역적 정책에 대한 비판을 사전에 단절시키고자 한다. 오바마의 동성애(성적 취향)와 성전환(성 정체성)

으로 군인에게 매우 해로운 일이 발생해도 입을 봉쇄시키고 끝까지 강행하겠다는 고도의 반 민주주의적 지침이다.

미국 군대가 버락 후세인 오바마의 '성전환, 동성애 시험 장소'인가?
초강국 미국 군인을 '성전환, 동성애 시험 대상'으로 간주해도 괜찮다는 말인가?
이 잔악한 사람아, 어떻게 미국 군인을 성전환자로 만들 수 있었단 말인가?
제44대 미국 대통령으로서 어떻게 그처럼 사악한 생각을 할 수 있었는가?

전쟁 없이 미국과 미군을 멸망시키는 '최상의 방법'은 성전환과 동성애를 미국과 군대에 크게 퍼뜨리는 방법이다. 미국과 군대에 성전환과 동성애가 광범위하게 확산되면 될수록 미국과 미군은 자연스럽게 붕괴되고 사멸된다. 다시 말해, 굳이 전쟁을 일으키지 않아도, 미국과 군대는 스스로 자체 붕괴하고 몰락하게 되는 것이다.
미국과 군대는 '죽음의 덫'에 걸려들어 사멸하게 된다.
친이슬람 반미국 버락 후세인 오바마는 그것을 노리는가?
판단력 없는 지도부는 군인 개개인의 건강보다도 성전환, 동성애를 더욱 보호하려고 관심을 기울인다. 비록 군인 개개인에게 성전환, 동성애가 해로워서 큰 문제가 발생해도 공개하지 않고 비밀로 유지하면서 계속 강행하겠다는 것이다. 오바마는 미국 군대의 자멸을 노린다. 오로지 철통같은 전투력과 국방력 강화에 집중하고 전념해야 할 군인들을 성전환자 동성애자가 되도록 정책적으로 강압한다는 발상, 그 자체가 '미국 국방을 허무는 반역'이다. 국가를 무너뜨리는 반역 행위다.

건강한 군인을 성전환자 동성애자로 병들게 만드는 비정상의 정책을 미국 역사상, 또한 인류 역사상 최초로 고안해 정책적으로 강압했기 때문에, 버락 후세인 오바마는 법과 정의의 심판대 앞에 반드시 서야 할 것이다. 그가 성전환, 동성애 강압으로 미국 군대를 훼파한 반역적 행위는 미국과 역사의 심판을 기필코 받아야 한다. 다른 대통령들은 도저히 상상조차 할 수 없는 비정상의 악한 일들을 친이슬람 반미국 오바마는 의도적으로 고안해내어 시행하였다. 그는 의도적으로 미국 군대를 파손시켰다. 그는 의도적으로 미국 군인을 병들게 만든다. 그는 의도적으로 미국 군인을 '죽음의 덫'에 걸리도록 강압해 몰아간다.

9.11 테러 공격처럼, 우리가 전혀 예기치 않은 때에 적군이 급습해 올 수 있다. 그보다 더 큰 대규모의 적들이 기독교 국가 미국을 무너뜨리려 호시탐탐 기회를 노리다 돌연히 전쟁을 일으키며 돌진해 올 수 있다. 적들은 미국 군대의 빈틈을 노려 쳐들어올 것이다. 적들은 혹독하고 강렬한 훈련을 하면서 미국을 노리고 있다.

그런데 지금 미국 군대는 어떠한가?

미국 군대 진영의 군인들은 성전환으로 몸도 마음도 아프다. 군인들의 관심은 흩어지고 철통같은 방어력이 느슨해진다. 오직 전투에 집중하기 어렵다. 적군이 무기를 들고 무자비하게 침입해 올 수 있다. 눈을 번뜩거리며 사방으로 공습의 기회를 노린다.

하늘에 비치던 달이 구름 속으로 살포시 숨자 적군이 때를 잡은 듯이 공격해 온다.

"자, 앞으로 공격 개시!"

호시탐탐 기회만을 노리던 적군들이 드디어 공격을 개시한다.

공격 개시 명령을 따르는 적들은 어두움을 타고 점점 더 가까이 다가온다.

그때, 미국 군대 진영에서 군인들의 나지막한 소리가 들려온다.

"나, 성전환 수술해서 2~3개월 누워 있어야 해."

"나는 호르몬 주사 맞아야 하는데 … "

"호르몬 주입을 못 하면 어떡하지?"

"여자가 되려 했는데 잘 안되는 것 같아."

"성전환했다 다시 탈전환 중이야 … 아파."

미국 군대에 성전환을 강압하는 것은 반미정책이요, 미국과 미국 국방을 허무는 반역이다.

엑스커션(excursion)
돌발사건(unexpected event)

참으로 이상한 일이다. 대통령이 자국 군대의 군인들에게 해로운 성전환을 강압한다.

오바마 집권기 동안 백악관은 미국 역사상 처음으로 자국 군대 군인에게 마저 성전환, 동성애 정책을 적용하고 강행하였다. 참으로 수상하고 알 수 없는 일이다. 대통령이 자국 군인을 건강하고 강력하게 만드는 정책을 추진해야 하겠건만, 그 반대다. 군인들에게 검증되지 않은 해로운 성전환과 처참한 질병 에이즈를 감염하는 동성애를 세뇌 교육하며 강압한다.

분명히 말하건대 미국 군대에 성전환과 동성애를 퍼뜨리는 정책, 이것은 반미정책이요, 미국 국방을 허무는 '반역'이다. 미국을 증오하는 자들이 손뼉치고 환호할 일이다. 만일, 미국을 조금이라도 생각한다면, 조금이라도 배려한다면, 조금이라도 사랑한다면, 절대로 성전환과 동성애를 '하나님 아래 한 나라 미국'과 '미국 군대'에 퍼뜨릴 수 없다!

트럼프는 오바마의 정책이 미국 군대에 해가 됨을 알기 때문에, 오바마의 성전환, 동성애를 폐지하고 '군대 성전환 금지' 명령도 내렸다. 트럼프 시대에 미국 군인들은 다시 정상 복구되고 강력해졌다. 더욱이 트럼프는 '우주군'도 창설해 우주 군사 최강국으로 나가는 문을 열었다. 미국이 세계 초강국 자리를 굳건히 지키고 더욱 강력한 초강국이 되기 위해 대통령으로서 미국과 군대를 위한 건강하고 좋은 정책을 연구 개발하여 시행하였다.

하지만, 돌발사건이 터졌다.

2020년 11월 3일 대통령 선거에서, 바이든이 미국 대통령 선거 역사상 전혀 불가능한 8,000만 표 이상(81,283,495표)을 득표한 것으로 나타났다. 트럼프는 7천만 표 이상(74,223,755표)을 얻어 역대 대통령 중에 최고 득표를 마크하고도, 강제로 물러나야 하는 이변이 벌어지게 되었다.

트럼프는 비정상적인 선거 결과에 승복하지 않았으며 모여든 그의 지지자들은 부정직한 투표와 개표 결과에 강력히 항의했다('1-6 항의', "Stop stealing").

결국, 2021년 1월 6일 트럼프 지지자들 백만 명 이상이 워싱턴에 모였다. 그들은 국회 의사당으로 행진해 대통령 선거 진행과 결과에 항의하였다. 이것을 '1-6 항의'(January 6 Protest)라 부른다. 하지만, 이들의 정당한 평화적 시위는 폭력을 주도한 다른 자들(트럼프 지지자가 아님)로 인해 폭동이라는 누명을 쓰게 되고, 평화롭게 항의하던 많은 애국자는 2021년 오바마가 조종한 바이든 법무부의 FBI의 습격을 받아, 재판도 받기 전에 교도소에 갇힌다. 그리고 2024년 지금까지 감옥에 갇혀 동물처럼 학대당하고 있다. 오바마로 인해 미국 민주주의에 흑암이 덮쳤다. 트럼프는 강제로 백악관을 나오게 되었다. 하지만, 절대로 굴복하지 않았다. 그는 바이든 취임식에 참석하지 않았다.

오바마가 재임 중에 '선거 조정' 방법을 모색하였으며, 2020년 대통령 선거 결과가 그 때문이라고 주장하는 이가 있다. 다시 말해, 트럼프는 역대 대통령 중 최고 득표 7천만이 넘는 표를 얻었다. 바이든보다 잘 알려지고 인기 있는 힐러리나 오바마도 6천만 표 넘는 수준의 득표다.

별로 인기 없던 바이든, 더욱이 선거 직전에 중국에서 받은 뇌물사건에 관련해 문제가 제기되었던 바이든이 미국 대통령 선거 역사상 전혀 불가능한 8천만 표 이상을 얻고 당선되었다면 믿을 수 있겠는가?

트럼프의 7천만 표 이상 득표는 미국의 위기에서 선거유세에 모인 수많은 군중을 감안하면 가능할 것이며 트럼프 표는 오히려 감소한 듯하다. 하지만, 바이든의 선거유세에는 사람들이 별로 모이지도 않았다.

그런데 어떻게 역사상 불가능한 8천만 표 이상을 얻을 수 있단 말인가? 트럼프와 지지자들은 "투표 도둑질을 멈추라"(Stop Stealing)라고 외쳤다.

오바마는 대통령으로서 미국과 미국인을 위한 건강한 정책을 수립하고 시행하면 되지, 왜 재임 중에 선거조정방법에 관심을 나타냈을까?

그는 또한 이슬람 테러리스트를 감시하고 추적하는 장치를 미국인들을 감시하는데 적용시켜 사용했다고 한다. 오바마는 건강한 정책이 아닌 미국과 미국인을 병들게 하는 정책을 유별나게 고안하고 수립해 강행하였다.

그는 왜 하필 트럼프 시대에 미국이 현대식 국경 장벽을 건설해 국가와 국민의 안전과 번영을 추구하고, 미국 군대가 최고로 강력해지며, '우주군'을 창설해 우주 최강국으로 나아가는 길목에서, 어찌하든 선거와 관련해 간섭했던 것일까…

친이슬람 오바마는 역사상 최초로 반과학적·반자연적·반성서적 성전환, 동성애 정책을 광범위하게 고안해내어 강행하였다. 미국에 성소수자 정책을 유별나게 몰아붙인 버락 후세인 오바마가 재임 중에 투표 조정 방법 역시 남다르게 관심을 쏟아 강구했다는 글을 읽었다. 그의 투표 조정 방법으로 더 이상 미국에 민주주의는 없다고 글에서 경종을 울렸다.

페키니어 중장이 오바마 시대에 '햄머 앤 스코 카드' 선거 조정법이 생겼다고 말하였다. 이는 가장 탐지하기 어려운 선거 결과 조작법이다. 도미니언 시스템에서 2019 켄터키 주지사 선거 때, 공화당 650표가 민주당 대표로 옮겨졌다(김필재 TV 2020.11.20. 참조).

2020 대통령 선거에도 경합 주들에서 그와 매우 유사한 일들, 그보다 더한 일들이 일어났다. 미시간대학교 컴퓨터 과학 공학 교수 알렉스 홀더만(Alex Holderman)이 도미니언 기계의 취약성을 알리는 '96 페이지 보고서'를 법원에 제출했으나, 좌파 판사가 이 중대한 보고서를 봉하고, 2년 동안 알리지 않았다.

그러다 다른 판사가 2023년 그 보고서를 개봉했으며 교수는 법원에서 도미니언 투표기의 통계를 펜 하나를 사용해 바꿀 수 있음을 실제로 보여주었다(GP 2024,1,20). 2020년 대통령 선거에 사용된 도미니언 투표기는 외부로부터 해킹과 자료와 통계 변경이 아주 쉬운 취약점을 지녔다는 것이다. 도미니언 투표기의 취약성이 드러났으며 오바마의 선거 조정법과 함께 2020년 대통령 선거에 많은 문제들이 일어났음을 보여주고 있다.

오바마로 인해 미국 자유민주주의 시스템이 병들기 시작했다. 오바마는 그가 만든 선거조정법을 주의 여러 선거에도 적용해 그가 바라는 무슬림과 성소수자들이 국가의 요직에 당선될 수 있도록 힘썼을 것이다.

2021년 1월 20일, 요셉 로비넷 바이든(Joseph Robinette Biden)이 46대 대통령 취임식을 거행하였다. 하지만, 트럼프는 수많은 지지자와 함께 비정상의 투표와 개표결과에 항의하면서 취임식 참석을 거부하였다. 미국 대통령 선거 역사상 8,000만 표를 득표한다는 것은 전혀 불가능하다. 일어날 수 없는 일이다. 제로 확률이다.

그렇다면 어떻게 그처럼 전혀 불가능한 일이 2020년 대통령 선거에서 생겼단 말인가?

"투표 도둑질을 멈추라!" 트럼프와 지지자들은 그런 불가능한 투표 결과의 선거 사기에 강력히 항거하였다. 트럼프와 지지자들은 2024년 현재까지 계속해서 선거가 도난당하였음을 강조하고 있다. 2022년 6월 19일 열린 텍사스주 공화당 전당대회에서 강령을 채택하였다.

우리는 2020년 선거 인증결과를 거부하며, 조 바이든 대통령 권한 대행은 미국인에 의해 합법적으로 선출된 대통령이 아니라는 입장을 견지한다(한겨레 2022.6.21, 경향신문 2022.6.20 참조).

2020년 대선은 헌법을 위배하는 절차로 진행됐으며 핵심 대도시 전역에서 상당한 부정선거가 진행되었다. 그리고 여러 주의 국무장관들이 바이든이 당선되도록 불법적 행위를 했다는 것이다. 공화당 강령은 또한 "동성애는 비정상의 생활방식"이라고 올바르게 규정하면서 오바마의 동성애 정책에 대한 강한 반감을 드러냈다. 강령은 또한 "트랜스젠더를 승인하려는 일체의 노력에 반대한다"(경향신문)라고 올바르게 선언했으며, 오바마의 성전환 정책을 강력히 비판하였다.

몇 달 전, 미국 연방대법원 판사 부인도 '1-6 위원회' 앞에서 "2020년 대통령 선거는 도둑질당했습니다"라고 공언하였다. 트럼프와 많은 지지자들은 외쳤다 "도둑질을 멈추라!"(Stop Stealing). 투표 도둑질과 관련된 많은 증인과 증거가 쏟아져 나왔다. 하지만, 증인들은 협박당하고 증거들은 파손당하며 부인된다.

당시 어느 여인은 진행되는 개표과정의 문제점을 폭로했다가 직장을 잃고 집을 나와 피해 다닌다고 말한 바 있다. 문제점을 폭로하는 사람들에게 실직, 위협, 협박이 따랐다.

미국에서 이런 일이 일어날 수 있는가?
믿을 수 없다.
"여기가 미국 맞는가?"
"그렇다, 미국이다. 버락 후세인 오바마가 변질시킨 미국이다."
어느 주에서는 개표에 공화당이 참관하지 못하도록 공개적으로 창문을 가리고 막기도 했다. 법원이나 판사들도 많은 증인과 제기되는 문제들을 객관적으로 검토하지 않는다. 재판을 기각하거나 증거물이나 증인들을 제대로 세워 검토하지 않는다. 판사들이 정의와 공의를 상실하였다. 아마 악의 세력으로부터 오는 위협과 보복과 협박 때문일 수 있다. 2020년 대통령 선거와 개표결과의 부정성(사기성)과 문제점을 폭로하고 진실을 알리려는 트럼프와 수많은 지지자의 노력은 오바마가 주도한 탄압과 억압 속에 이제까지 가두어진 물처럼 고여 있다.

2022년 11월 8일 중간선거 역시 많은 문제점을 보였다. 국민 75퍼센트가 바이든의 미국이 잘못된 방향으로 가고 있다는 여론 조사로 압도적 승리를 예상했던 공화당이 기대에 못 미친 수준에서 하원을 장악했으나 예상 외로 상원 장악은 아니었다. 투표지를 다시 만드는 것인지, 개표작업이 거의 한 달 동안 계속되었다. 그리고 개표가 지연된 곳에는 민주당이 많이 당선되었다.

2023년에 공화당의 케빈 맥카시(Kevin McCarthy)가 하원의장(Speaker of the House)이 되었다. 트럼프 시대 '러시아 게이트', '우크라이나 게이트'로 오바마의 영향아래 의회에서 비정상으로 2번씩이나 트럼프 탄핵을 주도했지만, 공화당의 반대로 실패한, 민주당의 낸시 펠로시(Nancy Pelosi)는 물러났다. 심지어 우크라이나 게이트는 트럼프가 우크라이나에 건 '전화 한 통화'를 문제삼아 대통령을 탄핵하려 했던 미국의회 역사상 유례없는 사건이다.

2021년 1월 6일, 선거의 "도둑질을 멈추라!며 의사당 앞에서 평화롭게 항의하던 트럼프 지지자들이 반대편이 주도한(트럼프 지지자로 가장해 침투,

많은 연방수사국 요원도 지지자로 가장해 침투) 폭력 사태로 인해 어려움을 당하게 되었다. 평화롭게 시위하던 많은 애국자는(특히 재향군인 베테런들) 그 이후 집에서 주로 새벽 미명에 무장한 여러 명의 FBI 대원들의 습격을 받았다. 마치 중범죄자나 테러주의자처럼 취급당했다. 어린아이들이 보는 앞에서 비인격적으로 수모받고 위협당하면서 강제로 수갑이 채워지고 체포되었다. 체포된 그들은 재판도 열리기 전에 오랜 세월 감옥에 갇혀 이제까지 동물처럼 학대당하고 있다. 단지 의사당에 깃발을 들고 발을 디딘 것만으로 체포되기도 했다.

'하나님 아래 한 나라' 미국, 민주주의 표상인 미국에서 어떻게 그런 일들이 일어날 수 있었을까?

친이슬람 반미국 버락 후세인 오바마는 재임 기간 8년 중 어린이 청소년 군대에 성전환을 강압해 미국을 '죽음의 덫'으로 덮쳤다. 그는 미국을 해하려 군대 장악을 시도했으며 많은 애국자 장성들과 지도자들을 해임시켰다. 자신의 영달을 추구하는 민주당 낸시 펠로시를 앞세워 바이든과 힘을 합쳐, 정권을 잡기 원하는 민주당과 자신이 어찌하든 꼭 당선되기만을 원하는 민주당 의원들과 자신이 오로지 직위를 유지하거나 차지하기를 간곡히 갈망하는 민주당 당원들과 힘을 합쳐, 미국 역사상 최초로 이런 부정직한 일이 일어날 수 있었을까…

그들에게 '하나님 아래 한 나라' 미국과 미국 민주주의는 그다지 중요하지 않았다. 그들은 진리와 자유, 평등과 정의, 평화와 번영보다도 그들 자신이 권력을 잡기를 원했으며, 그들 자신이 돈을 벌기를 더욱 원했다. 그들 자신이 출세하기를 더욱 갈망했으며, 그들 자신이 오로지 승진하기

만을 바랬다. 그리하여 수단과 방법을 가리지 않았다. 또는 그들은 심오한 지성과 올바른 판단력을 상실하였다. '하나님 아래 한 나라' 미국과 미국 민주주의, 그리고 성서의 진리는 그들에게 자신들 개인의 부유함이나 권력이나 출세보다 그다지 중요하지 않았다.

오바마는 그런 약점들을 이용해 엄청난 돈을 퍼부어대고(국민세금으로) 지위를 높여주면서 아첨하고 온갖 꿀물을 쏟아 부었다. 그러면서 미국을 반성서적 나라로 변질시키고 미국과 미국인, 군대를 성전환, 동성애로 맘껏 병들게 했으며, 미국 민주주의를 짓밟을 수 있었으리라. FBI 지도부와 군대 지도부도 버락 후세인 오바마 8년 동안의 면밀한 기획과 모략으로 미국과 미국인, 미국 군대와 민주주의를 최초로 파괴하는 일에 은연중 공모하게 된 것으로 보인다.

제2장

몰락의 궤도로 내려가는 미국

1. 미국을 파괴하는 오바마 대통령의 정책

누가 대통령이 될 수 있는가?

대통령 자격과 자질 문제에 관해 매우 심각하게 고민해야 할 시대에 살고 있다. 21세기 오늘날 대통령을 잘못 선택함으로 인해, 국가가 비정상이 되고 국민은 병들고 분열되며 가정이 파괴되고 국가 안보가 위태하게 되어 극심한 위기에 처한 것을 눈으로 보기 때문이다.

2009년 1월 20일 버락 후세인 오바마가 취임한 이후, 그의 말대로 "미국은 근본적으로 변했다."

오바마의 정책들 아래 기독교 정신 위에 세워진 '하나님 아래 한 나라 미국'(America, One Nation Under God)은 점차로 '하나님 없는 한 나라'가 되어 갔다.

미국의 기독교적 고귀한 정신과 문화를 바꾸고 파괴하는 나라로 변해갔다. 하나님을 부인하고 성서의 진리를 대적하는 정책들을 공공연히 앞세우고 강행하는 나라로 돌변하였다. 오바마는 선거공약에서 "미국을 근본적으로 바꾸겠다"고 말했는데, 그때 그 말의 의미를 제대로 아는 사람은 거의 없었다. 그 말의 뜻을 바로 알았다면 사람들은 그를 대통령으로 뽑지 않았을 것이다.

오바마가 재임 중에 가장 공들인 것은 성전환, 동성애, 성소수자(LGBTQ) 정책들의 광범위한 수립과 강행이었다. 미국 역사상 또한 인류 역사상 최초로 버락 후세인 오바마가 사람들에게 비정상의 해로운 성전환과 동성애를 급속도로 퍼뜨리면서 정상적인 것으로 수용하라고 정책적으로 압박을 가하였다. 그는 성전환, 동성애가 마치 정상이고 좋은 생활방식인 것처럼 포장해 유아, 어린이, 청소년, 군대, 교도소까지 퍼뜨리는 극도의 비정상을 보였다.

오바마는 대통령이라는 직위를 이용해 그가 사랑하지 않는 미국과 기독교를 파괴하는 정책들을 많이 고안해 밀어붙였다. 반대하는 자들을 제거하면서 친이슬람 세력을 끌어들여 친이슬람 반미국 정책들을 구사하고 강행하였다. 그는 미국의 역대 대통령들과는 다르게 친이슬람, 반미국, 반기독교 정책을 상당히 고안해 내어 시행하였다. 이스라엘-팔레스타인 관계에도 미국 역대 대통령들과는 다르게 오바마는 '반이스라엘-친팔레스타인 정책'을 유독 시행하였다. 그는 이스라엘에게 매우 냉담하다. 이스라엘이 1948년 이전으로 되돌아가야 한다고도 말했다.

오바마는 미국 내부에 성전환, 동성애, 성소수자를 확산하기 위해 많은 정책을 치밀하게 수립하고 재정을 부으며 밀고 나갔다. 항상 '인권', '평등', '차별 금지'라는 위장 가면을 쓰고 실제로는 미국 유아, 어린이, 청소년, 군인을 성전환, 동성애로 병들게 하면서 '인권'을 파괴하였다.

버락 후세인 오바마!

그는 미국 대통령 중 유일하게 무슬림 이름을 지녔다. 그런 그는 별스럽게 미국인에게 성전환, 동성애를 도를 넘어 몹시 강요한다.

왜 그럴까?

왜 무슬림 이름을 지닌 그는 유별스럽게 미국인에게 성전환을 강압하는가?

왜 동성애를 강압해야 하는가?

소위 '성전환'이라는 섣부른 시술을 정책으로 강행한 그는 잔악한 인물이다.

그는 자기 딸의 건강한 가슴도 칼로 도려낼 것인가?

자기 딸의 자궁도 들어낼 것인가?

자기 아들의 성기도 칼로 자를 것인가?

미국 청소년을 생식 불구자, 난자와 정자를 생성할 수 없는 불구로 만든다. 소위 성전환 여성은 '난자'를 형성할 수 없다. 성전환 남성은 '정자'를 형성할 수 없다. 결국, 소위 성전환의 도착지는 난자와 정자를 만들지 못하는 '생식 불모지'다. 그는 미국인의 건강한 신체를 소위 '성전환'으로 병들게 함으로써 미국인을 병들게 하고 생식기 불구로 만들며 점차 제거한다. 미국인의 자연적 성장을 막고(사춘기 차단제), 역발달을 추진하며 (전환 호르몬), 가슴을 칼로 베어내고, 생식기를 칼로 절단해 불구로 만든다.

왜 그래야 하나?

소위 대통령이라는 분이 어찌 그처럼 잔악할까?

미국의 유아, 어린이, 청소년에게 집요하게 성전환을 세뇌 교육한다. 아무것도 모르는 유아를 향해 성전환을 말하고 천진무구한 어린이에게 성전환을 교육한다.

이런 것이 정상적인 사회에서 있을 수 있는 일인가?

미국의 모든 역대 대통령들과 전혀 다르게 그는 왜 '성전환', '동성애'에 그처럼 전념하고 목을 매는가?

그는 미국 역대 대통령들과는 달리 '버락 후세인 오바마'로 불린다. 그의 이름은 무슬림 이름이다. 그리고 그런 무슬림 이름에 걸맞게, 그는 이슬람을 번성케 하고 미국과 기독교를 몰락시키는 정책들을 많이 구상해 강행하였다. 미국과 미국인을 계속 병들게 하고 제거하는 정책들을 최초로 개발하고 강행한다. 반면 국경 개방으로 많은 무슬림을 유입시킨다. 그는 성전환, 동성애로 미국인을 제거 중이다.

어찌 인간을 멸절시키는 생활방식을 국가 정책으로 세우는가?

국가 정책이 되려면 최소한 정상이고 사람을 해치지 말아야 함은 기본이다.

소위 '성전환'을 어찌 국가 정책으로 할 수 있나?

군대에 어찌 성전환을 강압할 수 있나?

인간을 파괴하는 성전환, 인간 생명을 마감하는 동성애가 어찌 국가 정책이 될 수 있는가?

그는 다른 대통령들은 상상조차 할 수 없는 비정상의 일들을 정책으로 세밀하게 밀어붙였다.

왜 그럴까?
왜 그는 유독 미국 유아, 어린이, 청소년, 군대에 '성전환', '동성애'를 요지부동 정책으로 밀고나가면서 강압하는가?
버락 후세인 오바마!
그는 누구인가?

오바마는 아프리카 케냐인 무슬림 아버지와 미국인 어머니에게서 태어났다. 어머니가 재혼하자 인도인 무슬림 계부를 따라 인도에 갔으며 그곳에서 자랐다. 그의 친부나 계부 모두 독실한 무슬림이다. 그가 케냐에서 태어났고 미국시민권 문제가 제기되자, 그 문제를 해명하러 백악관이 보인 문서가 허위라고 조 아페이오 세리프 팀은 강력히 주장하였다(크리스 찬투데이 2012.7.25 참조). 세리프 팀은 그 문서를 국제 전문가와 함께 조사해 그 문서가 위조라고 선언하였다. 오바마는 무슬림 가정과 학교와 사회에서 어린 시절 성장하였다. 그 이후 미국으로 와서 동성애를 하고 마약을 많이 한 것으로 알려졌다.

잠깐 트럼프를 살펴보자. 트럼프는 기독교인 미국인 부모에게서 태어나 근면한 부모가 물려준 기업을 물려받아 크게 성공시켰다. 그는 술, 담배, 마약을 하지 않는다. 자녀들도 안 하도록 가르쳤다. 이런 배경 차이가 정책 차이로 이어진다.

오바마는 친이슬람, 반미국, 반기독교 정책을 폈다. 학교에서 기도와 성서 금지, 십계명 제거, 국경 개방, 에너지 중단, 기업에 높은 세금부과와 철강기업 폐쇄, 국방비 삭감, 성전환, 동성애를 극도로 지원하며 반미국·반기독교 정책들을 시행하였다. 트럼프는 오바마의 성전환, 동성애를 폐지하고 학교에 기도와 성서 허락, 국경 장벽 건설, 에너지 생산, 미국 기업 육성과 철강기업 복구, 최강군대 건설, 우주군 창설 등 미국과 기독교를 위한 정책, 반이슬람 테러 정책을 시행하였다.

오바마는 역사상 처음으로 성전환, 동성애를 미국인에게 강요함으로써 미국 가정을 변질시키고 파괴하였다. 그리하여 미국인 출생이 시간이 흐를수록 감소해 인구 축소로 미국 국력이 쇠약해지도록 유도하였다. 그는 미국 군대에 성전환, 동성애를 강압해 국가 안보의 기초도 허물었다. 유아·어린이·청소년에게 성전환, 동성애 세뇌 교육, 미국 군대에 성전환 강압 등 그가 펼친 여러 수상한 정책들은 그가 정말 누구인지를 자주 드러낸다.

오바마의 반미국 정책들은 그가 정말 누구인지를 실제로 보여준다. 그는 미국을 사랑하지 않는다. 오히려 증오한다. 미국과 기독교를 증오한다. 전 뉴욕시장 루디 줄리아니(Rudy Giuliani)는 말했다.

"오바마는 미국을 사랑하지 않는다."

"국경이 없으면 나라도 없다."

그런데 친이슬람 오바마는 국경을 개방했다. 바이든 시대에도 그를 조종해 국경을 열어 많은 무슬림을 유입시키고 있다. 국경 개방으로 단지 바이든 집권 3여 년 동안 1000만여 명의 불법자들(거의 무슬림)이 미국에 침투하였다. 오바마의 조종을 받은 바이든 정부는 그들이 각 도시와 주에 흩어져 정착하도록 지원하고 있다. 결국, 반미세력 무슬림이 세력을 형성하도록 키움으로써 미국의 미래와 안전을 위태롭게 하고 있다.

트럼프는 국경을 방어했으며, 미국의 안전을 위해 합법적 이민을 강조하였다. 당연히 이민은 합법적으로 진행되어야 한다. 트럼프는 무슬림과 범죄인의 불법 침입을 강력히 막았다. 미국을 안전하게 보호하려는 트럼프는 현대식 국경 장벽 건설에 착수하였다. 하지만, 갑자기 등장한 바이든이 '국경 장벽 건설'을 모두 중단시켰다.
얼마나 어리석은가?
자국 국경을 자기가 허문다. 오바마가 조종한 바이든은 트럼프의 '현대식 국경 장벽 건설'을 중단하고 국경을 개방해, 범죄자들과 주로 무슬림이 홍수처럼 침투했다.
미국과 미국인에 해가 되는 정책을 시행한다는 것, 얼마나 어리석고 잘못되었나?

나라를 안전하게 지키기 위해 이민은 합법적으로 추진되어야 하며 국경 장벽은 튼튼히 세워져야 한다. 이슬람 테러주의자와 범죄자들의 침입을 충분히 방어할 수 있어야 하기 때문이다.
오바마-바이든 시대에 "아메리카 라스트"(America Last)라는 표현이 등장했다. 오바마와 그의 조종을 받은 바이든이 여러 면에 미국을 해치고 무너뜨리는 정책을 시행하기 때문이다. 국경으로 수많은 불법자 무슬림이 침투해 들어온다. 반면 나라 안 미국 시민은 성전환, 동성애 정책으로 줄

어든다. 그는 미국 대통령 중 유독 무슬림 이름으로 불린다. 그리고 "버락 후세인 오바마" 무슬림 이름이 풍기는 인상에 걸맞게, 미국과 기독교 파괴 정책을 임기 8년 동안 매우 빈틈없이 강행하였다.

오바마의 미국 파괴 정책을 단호히 폐지한 트럼프가 그에게는 눈에 가시 같으리라. 친이슬람·반미국 정책들을 펼친 오바마는 트럼프를 백악관에서 기필코 내보내도록 사태가 조성된 후에, 마음이 여린 듯한(또는 사고력과 판단력이 여린 듯한) 바이든을 움직여 그의 미국 파괴 정책들을 급속히 복구시켰다.

미국과 기독교를 증오하는 버락 후세인 오바마로 인해 미국 민주주의와 기독교가 파괴되고, 미국인이 계속 병들며 감소한다. 반면에 무슬림이 계속 침투해 급속히 증가한다.

이제 미국은 건국 이래 '대위기의 늪'에 빠졌다. 미국이 위기의 늪 속에서 비명을 지른다! 제44대 대통령이 역사상 유례없는 파괴적 정책들을 강행함으로써 미국은 상처 입고 수렁 속에 빠져들었다. 오바마의 반미정책으로 유아, 어린이, 청소년이 자라기도 전에 '죽음의 덫'에 걸려 암흑 속으로 끌려들어 간다. 돌이킬 수 없는 파멸로 들어서게 된다. 잔인한 오바마의 정책은 어린이에게 '사춘기 차단제'를, 청소년에게 전환 호르몬을 투여 건강한 가슴과 생식기를 절단하도록 유도한다. 결국, 미국 청소년을 정자와 난자 생성을 못하는 불구로 만든다.

그런 잔악한 정책을 강행하는 그가 사람인가?
아니면 사람의 탈을 쓴 악마인가?

버락 후세인 오바마, 인간이 떠올리기조차 어려운 잔인한 정책을 고안해 강행하는 그가 사람인가?
사람의 탈을 쓴 악마의 두목인가?

21세기에 지도자의 가면을 쓴 악마가 미국 역사 속에 출현하였다. 미국을 해치고 미국인의 생성을 차단하며(소위 동성 결혼, 성전환), 미국 땅에 태어난 아기들마저 약물을 주입해 싹을 짓이긴다(소위 성전환).
칼로 소녀의 가슴을 자르고 자궁을 제거하며, 소년의 생식기를 베어내는 악마의 화신…
얼마나 어릴 때부터 이슬람에 심취하고 기독교와 미국과 미국인을 증오했으면 미국에서 그처럼 끔찍한 정책들을 개발해 강행할 수 있을까?
오바마는 '하나님 아래 한 나라 미국'을 몰락시키는 정책에 사력을 쏟는다. 항상 '인권', '평등', '차별 금지'라는 선한 가면을 쓰고, 실제로는 미국인을 '사멸의 구렁텅이'로 세차게 몰고 간다. 고기를 잡으려고 좁은 도랑으로 마구 몰아가듯, 미국인을 비정상 '성전환', '동성애'라는 혼탁하고 협착한 도랑으로 마구마구 몰아간다. 미국인이 정상적으로 건강하고 행복한 가정을 이루어 번성하며 살 수 있는 길을 버리고, 협착하고 흐려진 죽음의 함정과 도랑으로 들어서도록 마구 휘저어 몰고 간다.
오바마는 동성애를 내세워, 동성애에 반대하는 기독교와 기독교 기관을 탄압하면서 친이슬람 조직과 기관을 많이 형성시켜 세력을 키워주었다.
오바마는 "동성 결혼 반대하는 기독교는 미국(정부)의 적이다"라고 선언해 기독교를 미국의 적으로 간주하였다.
얼마나 어이없고 사악한 발언인가?

미국은 기독교 정신 위에 세워졌으며 성서와 기독교 정신이 미국건국의 기초이다. 그런데 친이슬람 오바마가 건국의 뿌리인 기독교를 미국의 적으로 규정하였다. 미국 역사를 무시하고 기독교를 파괴하려는 그의 기획이 누설된 발언이다.

입장을 바꾸어 생각해 보자. 기독교인이 이슬람 국가 이란에서 무슬림인 것처럼 가장하고 행세해 대통령이 되었다고 가정하자.

그런데 그 대통령이 동성애를 강요하고 부추기면서 "동성애 반대하는 이슬람교는 이란(정부)의 적이다"라고 선언한다면 어찌 될 것인가?

이슬람교 지도자들과 국민들이 들고 일어나 그런 대통령을 당장 축출할 것이다. 이슬람 국가에서 이슬람교를 국가의 적으로 선언한다면 그는 더 이상 이슬람 국가에 발붙이지 못할 것이다.

그런데 버락 후세인 오바마가 기독교 국가 미국에서 "동성애 반대하는 기독교는 미국(정부)의 적이다"라고 선언하였다. 친이슬람 오바마에게는 미국인을 병들게 하고 종결하는 반자연적 동성애가 나쁜 것이 아니라, 해로운 동성애를 반대하는 기독교가 나쁘고 기독교가 미국의 적이다.

동성애라는 매개체로 미국과 기독교를 분리해 미국과 기독교를 함락하려는 친이슬람 오바마의 음흉한 계략이 드러난다. 그는 미국을 탈 기독교화하고 이슬람화하려고 굉장히 노력하고 있다. 그런 그는 집권 기간에 미국 내외에 이슬람 기관들과 조직들을 많이 형성시켜 세력을 키워 놓았다. 백악관 내에서도 기독교 국가 미국의 전통을 깨뜨리고 별스럽게 '무슬림 기도자리'를 마련해 놓았으며(트럼프가 없앴음), 백악관에서 공개적으로 무슬림 행사를 지원하였다. 반면, 기독교 행사는 없애거나 축소시켰다. 기독교의 크리스마스를 휴일로 부르도록 유도하였다.

오바마의 친이슬람· 반미국 정책은 파격적이다. 오바마 시절 2015년 미국 최초로 무슬림 여성 캐롤린(Carolyne)이 뉴욕주 판사로 임명되었는데 오바마는 '성서'가 아닌 '코란'에 손을 얹고 선서하도록 함으로써 오래된 미국 전통을 무너뜨렸다. 그런 일은 미국 역사와 전통에서 절대로 있을 수 없는 일이다(트럼프는 코란에 선서하는 것을 금지했다).

그 외 미국 최초로 무슬림 의원들이 오바마에 의해 뽑혔다. 오바마는 무슬림을 정계에 세우려고 애썼다. 오바마로 인해 정계에 들어온 무슬림이 이슬람 9.11테러를 옹호하는 발언을 했으며(트럼프가 비판), 2023년 10월 7일 하마스의 이스라엘 침공을 지지하는 세력으로 등장하였다. 그들은 미 의사당에서 반이스라엘-하마스 지지를 외쳤다. 오바마가 아니라면 결코 일어날 수 없는 일이다.

이슬람 국가들을 발전시키려 노력하는 오바마는 2010년 2월 나사(NASA)에 이슬람 국가들과 작업하도록 지시하였다(『트럼프 대통령의 새 시대와 동성애』 참조). 또한 미국의 무슬림에게 더욱 많이 미 행정부와 관공서에 취업하도록 독려했다(조선닷컴 토론, 2010.6.18, 2009년 3월 기사 참조). 미국과 기독교를 증오하는 오바마는 이슬람 국가들이 미국을 통해 많은 발전과 유익을 취하고 미국에서 무슬림 세력이 더욱 커지도록 노력다.

오바마의 반기독교, 친이슬람, 이슬람화의 열망은 미국 내에 제한되지 않는다. 대통령 임기 첫해인 2009년 7월 오바마는 미국 국무부에 전 세계 무슬림과 소통 사무실을 개설하도록 힐러리에게 직접 시달하였다. 그는 마음에 바라고 간직했던 대로 전 세계 무슬림에게 관심을 기울이기 시작하였다. 미국 내에 이슬람 조직과 기관을 만들고 세력을 키우는 것뿐 아닌, 세계를 대상으로 이슬람 조직과 기관을 형성하고 강해지도록 관심을 쏟았다. 그는 기독교인을 해치고 무슬림을 돕는다. 기독교를 약화하고 이슬람교를 강화한다.

오바마는 21세기에 사랑과 평화를 선언하고 그대로 행하는 기독교를 비난한다. 반면에 21세기에도 이슬람 9.11 테러 공격, ISIS의 대학살, 하마스의 이스라엘 침략 등 수많은 사람을 잔인하게 학살한 이슬람을 평화의 종교라 부르도록 강요한다. 그러면서 전 세계로 이슬람 종교가 확산되도록 정책을 시행하였다.

미국으로 많은 무슬림이 들어오게 했을 뿐 아니라, 기독교 서구 국가들에 무슬림이 밀려 들어 오게 만들었다. 오바마 시대에 비록 국경 개방으로 무슬림이 쉽게 미국으로 들어왔어도, 중동에서 박해를 피해 미국으로 들어오려는 기독교인은 입국이 거부되었다. 무슬림은 입국이 아주 쉽고, 기독교인은 입국이 매우 어려웠다고 알려졌다.

결국, 기독교인을 거부하고, 가능한 많은 무슬림을 끌어들여 미국을 이슬람화하려는 노력이다. 오바마는 전 세계를 대상으로 이슬람 종교가 확산되는 정책을 실시하였다. 소위 이주(migration)라 부르면서 무슬림들이 전 세계 특히 기독교 국가들로 밀려들어 가도록 만들었다. 영국, 독일, 프랑스 등 기독교가 기초인 서구 국가들에 수많은 무슬림이 침투하도록 정책을 만들고 그렇게 정책을 펼쳤다.

2023년 10월 7일, 이슬람 무장세력 하마스의 이스라엘 침공과 무차별 양민학살로 이스라엘-하마스 전쟁이 발발하자 영국에 침투했던 무슬림들이 세력을 형성해 반이스라엘-친 하마스를 선언했다. 그들은 팔레스타인 깃발을 흔든다. 오바마 시대에 무슬림 이주정책으로 영국과 서구 기독교 국가들에서 이슬람 세력이 급격히 성장했기 때문이다. 오바마의 이주 정책으로 서구로 침투한 무슬림들은 서구 기독교 국가들에서 세력을 형성하였다. 그리하여 평화로운 안식일에 이스라엘 국경을 넘어와 1400여 명을 잔혹하게 죽인 하마스 테러집단을 지지하면서 격렬한 시위를 했다.

오바마와 바이든의 국경 개방으로 2024년 1월까지 매일 홍수처럼 밀려 들어온 불법 무슬림들이 지금 뉴욕, 워싱턴 등 대도시에서 호텔에 기거하고 있다. 뉴욕 호텔의 절반이 불법자들로 채워졌다 한다. 미국이 국경 없는 나라가 아니다. 국경을 지켜야한다. 국경이 없으면 나라도 없다. 미국 시민도 가난해 홈리스가 많은데, 미국 시민들은 길거리에 팽개치고, 불법 침투한 자들(거의 무슬림)을 귀빈처럼 호텔에 기거하게 한 것이다. 이런 어이없는 일 역시 미국과 미국인을 중오하는 친이슬람 벼락 후세인 오바마만이 할 수 있는 방식이다. 그는 미국을 계속 무너뜨리고 있다.

미국에서 세력을 키운 무슬림이 국회 의사당 안에서 하마스 지지 시위를 했다. 미국 국가의 입장은 하마스의 야만적 침공과 학살을 규탄하고 이스라엘을 지지하건만 무슬림들은 오바마를 따라 반이스라엘을 외친다.

2023년 11월 4일, 수천명의 무슬림들이 백악관 게이트 앞에서 하마스 지지 시위를 했다. 팔레스타인 깃발을 흔드는 시위는 격렬했으며 미국과 백악관을 완전 무시했다. 반이스라엘 무리들은 빨간 페인트와 낙서로 백악관 게이트를 파손하고 무법으로 대통령을 모독하며 소란을 피웠다. 미국을 모독하는 행위들에 놀랍게도 그날 한 명도 체포되지 않았다. 워싱턴 경찰서나 연방수사국이 나서지도 않았다.

미국과 백악관이 모독 당하고 파손 당하는데도 연방 수사국과 경찰이 나와 체포하지 않았다. 어떻게 그럴수 있나?

누가 그처럼 무슬림의 하마스 지지, 반이스라엘, 반백악관 시위를 경찰과 수사국이 손대지 못하도록 만들었을까?

반이스라엘 친이슬람 오바마 외에 누구도 그처럼 할 수 없다.

2024년 1월 13일 하마스 침공 100일째 되는 날, 수천 명의 무슬림들은 또 백악관 앞에서 하마스 지지 항의 시위를 격렬하게 벌였다. 팔레스타인 깃발들을 흔들면서 폭력적인 그들은 백악관 팬스를 격렬하게 흔들고 일부 부수었다. 항의자들이 피묻은 인형들을 주변 경계선을 넘어 백악관 안으로 던지면서 보안팬스를 부수겠다고 협박하자 백악관 참모들은 옮겨져야 했다. 무슬림들이 하마스 지지 반 백악관 항의시위를 폭력적으로 했음에도 불국하고, 그날도 경찰이나 연방 수사국이 나타나 체포하지 않았다.

미국 백악관 주위가 팔레스타인 땅인가?

왜 팔레스타인 깃발들을 흔들면서 반이스라엘 반미국 시위로 난동하는가?

백악관 펜스가 파손당하고 대통령이 조롱 당하는데도 워싱턴 경찰서와 연방수사국은 왜 방관만 하는가?

친이슬람 반이스라엘 44대 대통령이 무슬림들의 폭력적 시위에 경찰서와 연방수사국이 개입하지 않도록 계속 조종하고 있다. 미국이 이정도로 무너져 있다. 연방수사국은 비폭력적인 1-6 애국 항의자들을 급습해 수갑을 채워 체포하면서, 백악관 펜스를 부수고 게이트를 파손하는 무슬림들의 폭력적 난동에는 아예 나타나지도 않는다. 친이슬람 반이스라엘 반기독교 오바마 집권 이전에는 9.11 테러공격을 일으킨 무슬림이 미국 백악관을 모독한다는 것은 감히 상상도 못할 일이었다.

　오바마 시대에 미국과 서구에 침투해 세력을 넓힌 무슬림들이 잔혹한 하마스의 만행을 지지하고 또한 이슬람 국가들이 하마스의 야만적 학살과 납치와 여인 강간 등 사악한 행위들을 비판하지 않고 오히려 옹호한다면, 문명이 발달한 21세기에 이슬람교는 더 이상 종교라 칭해질 수 없을 것이다. 21세기에 이슬람이 종교라 칭해질 수 없음이 더욱 투명해지기 시작한다. 그들은 사람을 짐승처럼 죽인다. 여인들을 야만적으로 강간하고 죽인다. 그런 잔혹한 무법적 학살과 만행을 지지하는 이슬람교라면, 문명이 발달한 21세기에 이슬람교는 더 이상 종교라 불릴 수 없음이 점점 더 확실해진다.

　문명이 발달한 21세기에, 단 1명이라도 사람을 죽이거나 납치, 폭력, 강간 등의 반윤리적 행위를 일삼는 집단이 있다면, 그러고도 잘못을 사과하거나 미안함을 전혀 모르는 동물 같은 집단이 있다면, 어느 종교이든 종파이든 그들은 더 이상 종교가 아니다. 그런 집단은 종교가 아니다. 그들은 살인자요 범법자이며 테러집단이다. 그러므로 종교의 자격을 상실한다 (『미국이 운다! 동성애!』 참조).

　영국의 경우 세력을 키운 무슬림이 교회 예배당을 차지하기도 한다. 오바마가 박수칠 일이다. 다시 말해, 오바마는 동성애와 성전환 강요정책으로 미국과 기독교적 서구를 허약해지게 만들고, 반면에 무슬림을 침투시켜 서구에서 점점 더 증가시키고 세력을 이루도록 조성시켰다. 그처럼 세력이 형성된 무슬림들이 오바마를 따라 반이스라엘, 하마스 지지, 반기독교를 외친다.

오바마의 미국과 서구 파괴 전략인 성전환, 동성애를 성서와 과학의 입장에서 확고히 거부하지 않은 기독교와 기독교 국가들은 스스로 몰락의 길로 내려가고 있다. 그의 사악한 전술에 휘말린 서구 국가들은 서구를 붕괴시키는 악의 세력에 맞서 하나님의 전신갑주를 입고 강력하게 싸웠어야 했지만 그렇지 못했다. 믿음의 강한 용기와 올바른 분별력을 보여주지 못했다.

오바마의 전술에 걸려든 서구 국가들은 악의 세력을 격퇴하기 위한 선한 싸움을 싸우지 못했다. 결과적으로 나라와 교회가 쇠퇴의 길로 들어서게 되었다. 하지만, 이제부터라도 싸우자! 하나님의 진리를 거짓으로 바꾸는 세력을 용납할 수 없다!

거짓과 악을 물리치고 패배시키기 위해 투쟁해야 한다. 가만 있으면 소돔과 고모라보다도 더 타락하고 악하며 해로운 환경 속에 아이들이 놓이게 된다. 거짓이 진실로 둔갑하고 어두움이 빛을 가리는 병든 나라에 우리의 아이들이 살게 된다.

모두 일어나 싸워야 한다!

하나님의 진리와 생명을 수호하며 아이들이 밝고 건강한 나라에 살도록 하기 위해 '선한 싸움'을 싸우자!

성서의 진리를 수호해야 하며 기독교 국가 미국과 서구를 무너뜨리는 검은 세력을 반드시 패배시켜야 한다!

무슬림 세력이 미국과 서구 국가들에서 반이스라엘을 외친다. 오바마의 이주 정책으로 형성된 집단들이다. 그들은 버락 후세인 오바마처럼 반이스라엘을 외친다.

어떻게 테러 단체 하마스(국가가 아닌 이슬람 무장 세력)가 독립국가 이스라엘을 침공해 학살하고 납치하며 여인을 강간하고 죽이는가?

세계는 하마스의 잔악상을 규탄해야 마땅하다!

온 세계는 그런 야만성과 잔혹성을 규탄하고 평화를 외쳐야 한다. 하지만, 서구로 유입된 무슬림들이 오히려 하마스의 반인간적 만행을 지지한다. 무슬림은 이스라엘인뿐 아닌 기독교인과 비무슬림을 죽이는 일에 전혀 미안함을 모른다. 야만적인 그들은 무슬림이 아니면 사람을 죽일 수 있다고 생각한다.

이란이 테러 단체 하마스와 다른 테러 단체도 지원한다고 알려졌다. 트럼프는 테러 단체를 지원하는 이란의 자금을 동결했다. 그리고 트럼프 시대에는 이스라엘과 중동국가들이 "아브라함 조약"(Abraham Accord)을 체결하여 중동에 영구 평화 시대의 문이 열렸다. 중동에 평화가 오고 있었다. 하지만, 갑자기 등장한 바이든 시대에 오바마의 조종으로 테러 단체 지원국 이란을 지원함으로써 하마스 침공이 일어났으며, 이스라엘-하마스 전쟁이 벌어지게 되었다. 러시아의 푸틴도 트럼프와 대화하면서 전쟁을 일으키지 않았었다. 트럼프가 백악관에 계속 있었다면, 지금 세계는 전쟁 없이 평화로울 것이요 남북한 대화와 교류도 더욱 활발해졌을 것이다. 중동에도 영구적인 평화가 정착되었을 것이다.

오바마 시대에 한국에도 많은 무슬림이 침투하였다. 버락 후세인 오바마의 꿈은 기독교적 서구와 한국에 동성애 성전환을 퍼뜨려 약화시키고, 무슬림을 침투시켜 이슬람 세력을 키우고 형성하는 것이다. 그는 미국과 세계에서 기독교를 약화시키고 이슬람교를 퍼뜨리려 온갖 아이디어를 창출하였다. 오바마의 영향으로 박근혜 정부는 한국에 들어오는 무슬림과 이슬람 국가를 위해 여러 면에 지원하는 정책을 행하였다. 할랄 산업이 소개되고 테러 단체를 지원하는 이란에도 보기 드문 경제적 호의를 보였다.

친이슬람 오바마 시대에 대한민국에도 많은 무슬림이 이주해 이슬람 종교를 넓혀갔다. 무슬림들을 한국에 침투시키는 반면, 남한과 북한은 상호 싸우도록 만들면서, 한국의 발전을 이슬람에 유익하도록 유도했다.

오바마가 백악관을 떠날 무렵인 2016년 후반에 남북한은 전쟁이 발발하기 직전이었다. 그는 침략국 일본을 재무장시키고 남북한은 서로 싸워 전쟁이 일어나도록 조성시켰다. 트럼프는 오바마의 남북한 전쟁유발정책을 억제하고, 미국 대통령으로서는 역사상 처음으로 북한의 김정일 지도자와 2번의 공식적 회담을 열면서 북한을 발전시키고 '남북한 평화통일의 길'로 이끌고자 노력하였다. 남북한에도 평화의 시대가 오고 있었다. 트럼프 집권기에 문재인 대통령은 남북 평화와 통일의 길, 우리 민족의 발전과 번영을 모색하는 현명한 면을 보여주었다. 반면에 오바마의 동성애 성전환(트럼프는 폐지)을 무분별하게 수용해 비난을 받았다.

트럼프는 한반도 문제에 관련 오바마와는 정반대 정책을 구현한 것이다. 오바마는 일본을 남한과 밀착시켜 남북한 상호 대립과 분열 구도를 조성한 반면, 트럼프는 일본을 배제하고 '남북한 평화와 통일'을 추구하며 상호 번영으로 나아가도록 조성하였다. 트럼프는 반이슬람 테러 정책을 강력히 시행해 테러 단체를 지원한 이란을 제재한 반면, 오바마는 남한이 테러 단체를 지원하는 이란을 후원하도록 유도하였다. 오바마의 조종을 받은 바이든 정부가 얼마 전에 트럼프 시대에 한국에 동결된 이란의 자금 60억 달러(8조원)를 풀어주었다. 이후 하마스가 이스라엘을 침공했다.

친이슬람·반미국 오바마는 미국 에너지 생산을 중단시켜 미국이 에너지를 중동에 의존하도록 만들었다. '기후 위기'를 내세워 에너지 생산을 중단시켰으므로 미국은 에너지 의존국으로 전락했다. 그런 상황은 국방과 경제위기를 초래할 수 있다. 에너지는 국방과 경제의 기본이기 때문이다.

왜 미국에 저장된 수많은 에너지 자원을 그냥 묻어두고 중동에 의존하도록 만드나?

그는 왜 중동으로 재정이 몰리게 하면서 미국을 에너지 절름발이로 만드는가?

트럼프는 오바마가 중단한 에너지 생산을 재가동해 에너지를 공급했으며 미국은 에너지 독립 국가와 생산국으로 부상할 수 있었다.

하지만, 코비드-19 때 돌연히 등장한 바이든이 미국 에너지 생산을 중단시켜 미국을 다시 에너지 절름발이로 만들었다. 오바마의 조종을 받는 바이든은 에너지 생산을 중단시키고 트럼프가 전시와 비상시에 대비해 아주 충분하게 비축해 둔 에너지를 풀어 쓰고 있다. 그것은 위험한 처리일 수 있다. 국가는 전시나 비상사태에 대비해 많은 에너지를 항상 비축해 두어야 하기 때문이다.

오바마는 기후 위기를 내세워 미국을 에너지 의존국으로 전락시키고, 과학적, 구체적, 실질적, 통합적 다방면의 연구와 해결방식을 모색하기보다는 '화석 에너지 중단', '태양 에너지 의존' 등 정책이 단순하게 치우치는 경향이 있다. 하지만, 우리가 쓰는 화석 연료의 매우 편리하고 좋은 점도 많이 있다. 오로지 태양 에너지나 전기 사용이 문제해결의 열쇠는 아니다.

어느 날 갑자기 태양에 변화가 생긴다면 어쩔 것인가?

태양은 지구에서 전혀 컨트롤할 수 없지만, 변할 수 있기 때문이다. 뜻밖의 사태가 발생해 전기를 일으키지 못한다면 어찌할 것인가?

오로지 태양과 전기에만 의존한다면 오도 가도 못 하는 위기에 처할 수 있다. 땅에 묻혀 있어 비교적 쉽게 접근할 수 있고 용이하게 얻을 수 있는 화석 에너지의 좋은 점을 개발하고, 나쁜 점을 상충하거나 개선해 문제를 해결하는 다방면의 연구를 하는 통합적 접근법이 필요하고 유익할 것이다.

심도 깊은 연구와 성찰을 통한 다방면의 유익한 정책을 추구하지 않고 단순히 화석 에너지를 중단한다. 그리고 인간이 접근하거나 컨트롤할 수 없는 태양에 또는 전기에만 전적으로 의존하도록 정책을 한다. 그것은 전시나 유사시에 미국에 큰 문제를 일으킬 수 있는 불완전한 방법일 것이다. 트럼프 시대처럼 전시나 유사시에 대비해 미국은 거대한 양의 에너지(화석 에너지)를 항상 비축해 두는 것이 현명하다. 태양 에너지를 화석에너지처럼 모아 많이 비축할 수 없다.

전기 에너지도 마찬가지 아닌가?

전쟁이 일어나면 국민이나 군인에게 충분한 에너지 공급이 필수일 것인데, 에너지를 오로지 태양이나 전기에만 의존하는 것은 위험할 수 있다.

트럼프 시대처럼 엄청난 에너지(화석 에너지)를 충분히 비축해 두어야 할 것이다.

오바마는 인종 차별, 언어 분산 등으로 미국인의 단결과 통합을 약화시켰다. 예를 들어, 기관에서 여러 언어를 사용한다. 나라가 강해지기 위해서는 언어가 통합되어야 한다. 국민은 국가 언어를 존중하고 사용해야 한다. 미국은 언어 없는 나라가 아니다. 국가 기관이 굳이 여러 나라 언어를 사용해야 할 필요가 없다. 언어가 분산된다면 나라는 강해지기 어렵다. 더욱이 위기사태에 대비해 영어를 교육해야 할 것이다. 영어를 모르는 사람이 늘어나면 국가에 혼잡을 가져올 수 있다. 미국에 살면 미국 언어 영어를 가르치고 권장해야 한다. 미국 시민이면 누구나 자국의 언어를 어찌하든 말할 수 있도록 점점 노력해야 하는 것은 당연하다. 한 나라에 여러 언어가 있으면 분열되고 국력은 흩어진다.

또한, 오바마는 미국 역사와 전통을 무시하고 미국 문화유산과 역사상 저명한 인물의 동상이 옮겨지거나 파손되도록 유도하였다. 그는 흑인들에게 미국에 대한 증오심을 유발한다. 오바마에 이끌린 흑인과 급진주의자들이 미국의 자랑스러운 역사를 왜곡하고 부끄럽게 하는 난동과 행위들을 하였다. 그들은 미국 국기도 무시한다. 그리고 노예제도는 성서에도 나오듯 인류 역사 발전과정의 한 단계에서 제도로 있었던 것인데, 미국만 의도적으로 그랬던 것처럼 오도한다. 하지만, 노예해방을 가져온 것은 바로 미국인 대통령 링컨이다. 오바마 시대에 미국 국기 '성조기'를 경시하는 사람들이 생겼다. 오바마는 미국을 기독교 정신 위에 세우고 오늘날 세계 초강국으로 발전하기까지 힘쓰고 애쓴 신앙의 선조들과 애국자들을 무시하며 그들을 향한 증오심을 조장한다.

왜 그럴까?

왜 그는 미국 건국자들과 믿음의 선조들을 존경하지 않는가?

기독교 정신으로 건국되어 '진리와 자유'를 위해 생명을 바쳐 싸운 선조들의 피와 땀으로 하나님의 축복 속에 미국은 초강국이 되었다.

믿음의 선조들의 피와 땀으로 초강국이 된 미국을 아무런 수고도 하지 않은 무슬림에게 거저 넘겨주려는 도둑의 심보를 지닌 것일까?

더 이상 오바마의 위장 가면에 넘어가면 안 된다. 그는 항상 인권, 평등, 차별 금지라는 선한 가면을 쓰고, 그런 선한 가면을 앞세우며 나오지만, 이면에는 미국, 미국인, 기독교를 무너뜨리는 악한 정책들을 맹렬히 추진한다. 그가 미국 대통령으로서 별스럽게 지닌 무슬림 이름 버락 후세인 오바마가 은근히 암시하듯이, 이슬람에는 유익을 주지만 미국에는 해로운 정책을 개발하고 추진해, 초강국 미국과 미국인을 점점 병들고 쇠약하게 만든다.

반면, 수많은 무슬림을 유입해 자녀를 낳아 미국에 번성시키려고 한다. 하지만, 그의 잔인하고 인간 파괴적이며 사악한 정책들로 인해 그는 미국 역사와 인류 역사의 심판대 앞에 반드시 서야 할 것이다. 하나님과 진리는 그의 오판처럼 죽은 것이 아니다. 하나님과 진리는 영원히 살아있다.

오바마는 재임 중에 미국 군사비를 무섭도록 삭감해 군사 장비를 노후하게 만들었다(『미국이 운다! 동성애』 참조). 그는 미국 철강산업을 폐쇄하고 많은 실업자가 생기게 만들었다. 미국 기업들에 너무나 높은 세금을 부과해 기업들이 폐쇄되거나 견딜 수 없어 다른 나라로 이전하도록 유도하였다. 그래서 애플은 중국에 기업을 두었고, 트럼프가 미국 기업 살리기 운동으로 세금을 인하하고 좋은 정책을 제시해 애플이 미국으로 올 수 있었다.

오바마는 미국 기업을 어렵게 했을 뿐 아니라 미국 우주 과학도 뒤떨어지게 했다. 오바마 재임 기간에 미국은 유엔과 세계 국가를 향해 동성애 성전환을 강요하는 부도덕한 나라로 부상하고, 중국과 러시아와 이슬람 국가들은 오바마의 미국 기업 억제 정책, 에너지 생산 중단, 국방 약화, 미국 파손 정책 등으로, 여러 면에 급속도로 많은 성장을 하게 되었다. 중국과 러시아 이슬람 국가들이 급성장하게 되었다.

어떤 사람이 대통령이 될 수 있는가?

대통령의 자질은 무엇인가?

그 나라를 사랑하는 사람이 그 나라의 대통령이 되어야 한다. 미국을 사랑하는 사람이 미국의 대통령이 되어야 한다. 대한민국을 사랑하는 사람이 대한민국의 대통령이 되어야 한다. 미국을 증오하는 사람이 대통령이 되면 오바마 시대가 보여주듯 나라를 파괴하고 국민을 병들게 하며 해치는 정책들을 고안해 강행한다.

미국 역사상 그리고 인류 역사상 최초로 오바마가 유별나게 부추기고 지원하며 강행하는 성전환과 동성애는 가장 분명하게 미국과 미국인과 미국인 가정을 해체하고 파괴하는 반과학적, 반인간적,·반성서적 사악한 정책이다. 자국민과 자국 군대를 향한 성전환, 동성애 강압은 오직 버락 후세인 오바마만이 할 수 있는 매우 비정상의 유해한 정책이다.

'그가 누구인가?'라는 정체성이 '그가 어떤 정책을 하는지'를 보여준다. 그는 친이슬람·반기독교, 미국을 증오한다.

오바마 시대에 성조기가 무시당하는 일들이 자주 발생했다. 그는 미국인들이 국기를 무시하고 국가에 대한 충성심이나 애국심을 버리도록 정책을 유도한다. 인종 간 갈등을 더욱 부추기고, 미국인 간에 갈등을 일으키고 서로 싸우도록 정책을 유도한다. 그는 성소수자들에게 재정을 크게 지원하고 지위를 높여 힘을 실어줌으로써, 그들이 기독교와 싸우게 만들고, 정상인들과 싸우면서, 성전환, 동성애를 더욱 확산시키도록 유도한다.

오바마의 정책들은 미국을 혼란스럽게 만들고 파괴한다. 이란 핵협정도 결국 이슬람국 이란을 지원하는 것이었다. 그가 임기 말에 엄청난 달러 지폐를 박스에 넣어 이란으로 보냈다. 결국, 이란은 재정이 넉넉해져 핵무기를 개발할 저력을 더욱 지니게 되었다.

오바마 시대에 미국은 윤리성을 상실한 나라, 기독교 신앙을 파괴한 나라, 우주과학과 군사력이 뒤쳐진 나라, 인종차별을 내세워 분열시키는 나라, 여러 언어로 혼란된 나라, 동성애를 거부하면 기독교 기관에 마땅히 지원해야 할 연방 재정 지원을 중단하고 억압하는 나라로 변하였다.

특별히 유별나게 성소수자를 정상인보다 더욱 높이고 확산시키는 나라, 에너지 의존국이 된 나라, 우주과학, 철강산업과 기업들이 쇠퇴한 나라, 동성애로 신앙인을 박해하는 나라, 학교에서 기도도 못 하고 성경도 못 읽게 하는 나라, 백악관에 무슬림 기도 자리를 만들어 놓은 나라, 공공기관에서 십계명을 철거한 나라(오바마가 명령해 철거함), 성경 비치를 금지한 나라로 돌변하였다.

학교에서 부모도 모르게 어린 자녀를 성전환시키는 나라, 부모들이 항의하면 부모를 국내 테러주의자로 몰고 가는 나라, '성 정체성에 따른 차별'을 금지한다면서 의사들이 양심과 신앙과 관계없이 소위 '성전환 시술'을 꼭 해야 하는 나라(2010년), 유아 3-4세부터 성 정체성을 거론해 해치는 나라, 유아·어린이·청소년·군대에 성전환을 강압하는 비정상의 나라로 급변하였다.

강아지나 고양이 새끼에게 성장을 방해하는 약물을 주입하면 그들은 시름시름 앓다 죽을 것이다. 동물 새끼에게 주사기나 임플란트로 이물질을 투입하고 몸의 부분을 베어버린다면 정상으로 자라지 못하고 매우 고통스러워할 것이다. 어미 동물에게 새끼들이 태어난 그대로 자연스럽게 잘 보살펴 건강하게 자라도록 북돋아 주는 것이 기본이고 매우 중요하다.

그런데 벼락 후세인 오바마의 미국은 그런 기본마저 없다. 어린이 몸에 약물을 투입해 어린이를 병들게 만들며 부모의 뜻에 거스르면서까지 변질시켜 병들게 만든다. 그것도 부족해 소년 소녀에게 칼로 가슴과 생식기를 자른다. 이것이 21세기 친이슬람·반미국·반기독교 벼락 후세인 오바마가 그의 소원대로 근본적으로 바꾸어 놓은 미국이다.

인류 역사와 미국 역사상 최초로 유아, 어린이, 청소년, 군인이 자국의 대통령에 의해 학대 당한다. 그런 학대는 인류 역사상 유례없는 것이다. 이성을 완전히 상실한 국가다. 유아기부터 성전환이 유도된다. 오바마와 추진자들은 소위 수십 가지에서 백 가지에 이르는 성이 있다고 허황된 주장을 하면서, 미국 유아, 어린이, 청소년에게 성전환을 강요한다.

어찌 그럴 수 있나?

완전히 제정신이 아니다. 아주 어린 유아, 천진난만한 어린이, 꿈을 품고 피어나는 소년 소녀에게 죽음의 덫으로 덮치는 나라가 오바마가 변질시킨 미국이다. 국방에 전념해야 할 군인에게 성전환을 강압하는 나라, 베터런 애국자들을 테러리스트 명단에 올려 마치 이슬람테러주의자처럼 수없이 탄압하는 나라가 오바마의 미국이다.

국경이 없는 나라, 그리하여 허다한 무슬림이 매일 침투하는 나라, 하나님이 내려 주신 충분한 자원을 두고도 에너지 절름발이로 전락해 약해지는 나라, 남성 성기를 지닌 성전환자가 여성 목욕탕에 들어가고, 여성 스포츠에 참석해 여성들을 제압해 우승하는 나라, 건국의 중심인 하나님과 성서를 없애는 나라가 버락 후세인 오바마가 바꾸어 놓은 미국이다.

학교에서 기도와 성경을 금지하는 나라, 불법 침투한 무슬림은 지원하지만, 자국민은 가난해 홈리스가 많은 나라, 성전환, 동성애 확산에 재정을 쏟아 붓지만, 굶주린 아이들이 많은 나라, 미국인들끼리 인종, 성소수자로 분열시켜 싸우게 만드는 나라, 재판도 받기 전에 애국자(1-6 정치범)를 감옥에 가두고 동물 취급하는 나라, 이슬람 테러주의를 평화주의라 우기고 기독교를 비난하며, 민주주의를 수호하는 애국자와 자녀 교육에 관심 있는 학부모(성전환, 동성애 교육에 반대)를 국내 테러주의로 몰고 가는 나라, 이것이 버락 후세인 오바마가 근본적으로 바꾸어 놓은 미국이다.

오바마가 그의 임기 8년 동안 민주주의 표상이요 진리와 자유, 평등의 나라, 기독교 국가 초강국 미국을 망가뜨리고 근본적으로 변질시켜 놓은 미국이다.

2. 미국이 위기의 늪에 빠졌다

미국은 현재 말할 수 없는 위기의 늪 속에 빠져 있다.

지금 우리가 호흡하고 움직이는 미국 사회를 정상으로 보는가?

2022년 8월 8일 오바마와 그의 조종을 받은 바이든의 FBI가 트럼프 대통령의 저택 마르-아-라고(Mar-A-Largo)를 습격해 포위하고 점거했다. 제3세계 후진국에도 아마 잘 일어나지 않을 일이 발생한 것이다.

총을 든 FBI 요원들이 저택을 포위하면서 화씨 91도의 더운 날씨에 변호사를 밖으로 내보내고 감시 카메라도 끌 것을 요구했다. 무슨 중범죄자의 집을 수색하듯이 사람들을 모두 내보내고 8시간 반-9시간 정도 아주 샅샅이 퍼스트레이디 멜라니아 옷장까지 샅샅이 조사하였다. 이들은 15개 정도의 박스를 끌어내어 싣고 갔다.

선진국 미국의 민주주의는 어디로 갔는가?

아무 잘못 없는 제 45대 대통령의 저택을 갑자기 수십 명의 FBI가 총을 들고 급습해도 되는가?

배후에서 이 모든 사태를 지휘하고 조종하는 자는 누구인가?

미국은 버락 후세인 오바마 집권기 이전에는, 정상적인 나라였다. '하나님 아래 한 나라', 하나님의 축복을 받은 나라, 자유와 민주주의의 표상, 초강국 미국이었다. 비록 동성애를 찬성하는 소수의 무리가 있었다 해도 국가에 영향을 미칠 정도가 아니었다. 성전환은 잘 알려지지도 않았었다.

오바바 집권 이전, 미국은 신앙적으로 정치적으로 경제적으로 문화적으로 윤리적으로 가장 선진국이요 민주주의 세계 모델이었다. 주후 1884-1885년 최초로 조선(남한과 북한)에도 선교사를 파송해 성서와 기독교 복음을 전파하고 학교(연희 전문학교, 배재학당, 이화 학당)와 병원(세브란스 병원)을 세워 대한민국의 눈부신 발전에 기여한 미국과 미국 교단은 모범이었으며 생명력이 있었다.

그런데 21세기 오늘날의 미국은 어떠한가?

제44대 대통령 집권 이후 미국은 완전히 달라졌다. 미국의 대통령이라는 분이 검증되지 않은 '성전환'을 유아, 어린이, 청소년, 군대까지 세뇌 교육하며 강압한다. 미국의 대통령이라는 분이 참혹한 질병 에이즈를 부르고 인간 생명을 마감하는 동성애를 자랑스럽다고 드높인다. 오바마는 성전환과 동성애를 확산시키려고 재임 기간 내내 혼신의 힘을 다했다. 동성애 잡지「아웃」에 표지 모델로 그의 얼굴마저 내보냈다.

얼마나 동성애를 퍼뜨리고 싶었으면 대통령이라는 분이 동성애 잡지「아웃」에 표지 모델로 얼굴을 내밀까?

대통령이 비정상의 동성애 잡지에 얼굴을 내보내는가?

결국, 동성애가 아주 정상이며 아주 자랑스럽고 좋은 것처럼 보이도록 만들기 위해서다. 에이즈를 감염시키는 동성애를 홍보하기 위해서다. 그리하여 사람들이 동성애자가 되도록 유도하고, 특히 어린이 청소년이 미혹 당하도록 하기 위해서다.

오바마는 성서가 가증한 죄로 금하고 인간 생명을 끝내는 동성애, 소위 동성 결혼을 극도로 부추기고, 세계 국가들(주로 기독교 국가들)에도 강요한다. 동성애를 퍼뜨리기 위해 정치적, 외교적으로 압박을 가한다. 벼락 후세인 오바마가 동성애를 반대하는 우간다의 요웨리 무세베니(Yoweri Museveni) 대통령에게 "'반동성애법'에 서명하면 연간 4억 달러 넘는 원조를 끊겠다"라며 위협한 것(2014년 2월)은 널리 잘 알려졌다.

오바마는 "동성애 차별 시 양국 관계가 악화된다"고 협박했다.

얼마나 어이없는 말인가?

오바마에게는 동성애가 '외교 관계의 기준'이다. 더하여 수잔 라이스 미국 국가안보보좌관도 2014년 2월 15일 무세베니 대통령과 통화해 "법안에 서명하지 말라"고 요구했다. 인간 존재를 종결시키는 동성애를 금지하는 것이 인구 증가와 국가 번영을 위해 필수인데, 굳이 동성애를 수용하라고 강압한다.

말이 되는가?

도대체 오바마에게 동성애가 무엇이길래?

미국 대통령이 직접 전화를 걸어 한 나라의 주권을 침해하는가?

우간다의 동성애 문제와 관련해 보여준 오바마의 비정상적 행보는 비단 우간다뿐 아닌 세계 다른 나라들 특히 기독교 국가들을 향해 지닌 그의 입장이다. 그는 서구 국가와 대한민국과 기독교 국가를 향해 동성애 와 성전환을 정상으로 수용하라고 압박한다. 그리하여 오바마 집권기에 미국과 서구 국가와 한국에도 동성애, 동성 결혼, 성전환이 급속도로 펴졌다.

오바마 시대 2012년에 리비아 벵가지에서 이슬람 무장단체가 대사관을 습격하였다. 미국 대사는 백악관에 수없이 많은 전화를 걸어 도움을 요청

했지만, 백악관은 냉담하였다. 전화도 받지 않고 어떤 지시나 지원도 하지 않았다고 알려졌다. 오바마는 결국 미국 대사가 이슬람 무장 세력의 공격을 받아 죽게 만들었다. 이처럼 미국인의 죽음이나 기독교인의 죽음에는 전혀 냉랭하고 눈썹 하나 까딱 안 하며 무관심한 오바마다.

벵가지 이슬람 테러로 미국 대사가 매우 위급한 상황에 처해 도움과 지원을 요청하려고 긴급하게 백악관에 거는 전화는 여러 번 와도 받지 않고 '나 몰라라' 하면서, 남의 나라 동성애 문제는 그처럼 다급하게 목메어 전화하나?

도대체 그에게 동성애가 무엇이길래, 바쁜 미국 대통령이 전화까지 걸어 압박을 가하는가?

그의 본심은 정말 무엇인가?

미국 대통령이 타국 대통령에게 '인간 생명을 마감하는 동성애'를 수용해야 한다고 전화로 협박할 수 있나?

그렇게 해도 될까?

그렇게 할 수 없지 않은가?

미국 대통령이라는 분이 우간다의 독실한 기독교인 대통령에게 동성애를 인정하지 않으며 '원조를 끊겠다'고 협박해도 괜찮은가?

그래도 될까?

그렇게 하면 안 되는 것 아닌가?

그렇게 할 수는 없지 않은가?

대통령이 에이즈를 감염하고 인간 존재를 종결하는 '동성애'를 인정하라고 압박한다!

그처럼 동성애를 수용하라 압박하는 버락 후세인 오바마는 동성애자를 죽이는 이슬람 국가들에는 아무 말도 하지 않는다.
얼마나 모순인가?

그는 기독교인과 기독교 국가에 동성애를 수용하라 압력을 가한다. 초강국 미국 대통령 직위를 남용해 타국 정부와 대통령에게 동성애를 정상적인 것으로 승인하라고 협박한다. 참으로 외교에 최소한의 예의도 없다. 수상하고 미심쩍은 대통령이다.

대통령 자격이 없지 않은가?
다른 대통령은 하지 못할 그런 삐뚤어진 행동을 취하는 오바마, 기독교인과 기독교가 번창하는 나라에 유별나게 동성애 성전환을 강요하는 오바마, 그는 진정 누구이며, 그는 무엇을 추구하나?
여기서 잠깐 오바마가 우간다 대통령에게 한 말을 살펴보자.

인간은 언제 어디서나 동등하게 존엄성을 갖고 대우받아야 하며 그가 누구이고 누구를 사랑하든 간에 잠재력을 발휘할 기회를 주어야 한다.
법안은 우간다 내 동성애자 공동체들에게 모욕과 위협이 될 뿐 아니라 모든 우간다인의 인권을 후퇴시킬 것이다(뉴스 1, 2014.2.16).

누구든지 여인과 동침하듯 남자와 동침하면 둘 다 가증한 일을 행함인즉 반드시 죽일지니 자기의 피가 자기에게로 돌아가리라(레 20:13).
If a man lies with a male as he with a woman, both of them have committed an abomination. They shall surely be put to death. Their blood shall be upon them(Lev. 20: 13).

미국 대통령이라는 분이 성서가 엄격히 금하고 '인간 멸종'을 부르는 동성애를 수용해야 한다고 타국 대통령에게 압박한다. 인류 역사상 이런 일은 처음일 것이다. 좋은 일이 아닌, 나쁜 동성애를 수용하지 않으면 상호관계가 나빠지고 미국은 우간다에 4억 달러 원조를 끊겠다는 것이다.

말이 되는가?
오바마의 미국은 우간다에 동성애를 퍼뜨리려 4억 달러를 원조했는가?
어떻게 '인간 존재의 종결자 동성애'(homosexuality, terminator of the human being)가 국가외교와 4억 달러 원조 결정의 기준이 되나?

오바마는 기본이 너무 잘못되었다. 기본도 지니지 않은 인물…
그런 사람이 8년이나 집권했으니 미국이 지금 쑥대밭이 되어 유아, 어린이, 청소년에게 성전환, 동성애를 세뇌하고 군대까지 성전환을 강압하는 소돔과 고모라보다도 더 나쁜 나라로 추락한 것이다. 오바마의 반성서적 정책으로 인해 미국에서 참다운 인권이 파괴되고 진리와 자유, 평등과 정의가 사라지고 있다.

오바마가 한 말은 언뜻 듣기에 그럴듯하지만, 지독한 모순이다. 모든 인간이 다 평등하게 대우받을 수 없다. 우선 도둑을 평등하게 대우할 수 없다. 살인자를 평등하게 대우할 수 없다. 강간자를 평등하게 대우할 수 없다. 또 사랑하는 대상이 잘못되었다면 그런 사랑은 금지되어야 한다. 예를 들어 근친상간하면 안 된다. 다른 사람의 아내나 남편을 사랑하면 안 된다. 남자끼리 또는 여자끼리 성관계를 하면 안 된다(롬 1:26-27; 레 20:13). 사랑해야 할 대상이 있고, 사랑하지 말아야 할 대상이 있다. 사랑하지 말아야 할 상대를 사랑하면 당연히 징벌을 받는다.

이슬람 국가에서는 동성애자를 죽인다. 동성애는 개인과 사회에 해롭고 인간 파괴적이며 사랑한다는 대상이 잘못되었기 때문이다. 성서는 남자끼리 또는 여자끼리 성관계를 엄격히 금한다. 그것은 사랑이 아닌 비정상의 쾌락 추구이며, 인간 생명 형성을 원천에서 봉쇄하는 반자연적, 반창조적, 반인륜적인 가증한 행위다. 하나님의 인간 창조를 무시하고 퇴행시키며 파괴하는 오만이요 반역이며 무서운 죄다. 그러므로 성서는 동성애자를 죽이라고까지 명령한다(레 20:13).

처참한 질병 에이즈를 가져오고 인간 존재를 끝내는 동성애!
그러한 동성애는 결코 해서는 안 되는 것이기 때문이다. 성서는 동성애를 엄격히 금한다. 동성애가 그만큼 큰 죄악이며 가증하고 창조법과 자연법을 깨뜨리기 때문이다. 하나님의 창조법과 자연법에 역행하는 동성애 동성 결혼은 창조주 하나님이 오묘하고 아름답게 창조한 인간 생태계와 자연 생태계를 파괴하는 반역이다.

오바마의 말대로 모든 인간은 다 평등하게 태어났다. 하지만, 평등하게 태어난 모든 인간은 각자가 선택한 행동방식에 따라 모두 다른 대우를 받는다. 다시 말해 악을 행하는 사람은 그에 상당하는 벌을 받는다. 그것은 차별이 아니고 평등이며 정의다. 도둑이나 살인자는 같은 인간이라도 그들이 선택한 악한 행동에 따르는 형벌을 받는다. 해로운 동성애를 법으로 금지함은 바른 것이요, 사람들이 동성애에 빠지지 않도록 도와줌으로써 참된 인권을 지켜주고 보호해주는 올바른 정책이다. 오바마의 말은 억지이고 틀렸다. 국가 간의 외교, 경제, 국방이 동성애가 기준이 되어 결정되도록 하는 그의 정책은 지독한 모순이요, 잘못이다.

얼마나 부끄러운 일인가?

그는 '하나님 아래 한 나라 미국'을 몹시 부끄럽게 만들었다. 사실 이슬람 국가는 동성애자들을 죽인다. 아니면 가혹한 형벌을 가한다. 그만치 동성애는 개인과 국가에 유해하기 때문이다. 이슬람 국가들은 동성애자를 사형에 처한다. 오바마가 진정 동성애자를 위한다면, 기독교 국가들을 상대로 협박할 게 아니라, 동성애자들을 죽이는 사우디아라비아, 이란, 아프가니스탄(나무위키 동성애/종교적 관점 참조) 등 이슬람 국가들을 향해 압박해야 할 텐데, 이슬람 국가들에는 말도 하지 않고, 독실한 기독교인 대통령과 기독교가 번창하는 국가들에만 동성애를 수용하라고 압박한다. 참으로 어이 없고 수상하다.

국민은 국가의 최고 통수권자 대통령을 잘 뽑아야 한다. 대통령으로 나온 인물이 누구인지를 잘 알아보아야 하며, 어떤 인간성을 지녔고, 어떤 정치관과 종교관, 도덕관과 가치관을 지녔는지, 즉 그의 인품과 성품과 정황을 제대로 알아야 한다. 어떤 종교를 믿는지 그가 진정으로 국가와 국민을 사랑하는지를 철두철미 점검해 대통령을 매우 신중하게 뽑아야 한다.

연설만 화끈하게 잘한다고 지지할 것이 아니다. 연설은 마음의 진심을 포장할 수 있고 위장할 수 있다.

인간됨, 가치관, 국가관, 종교관, 성실함, 생활방식, 그가 정말로 선한 사람인가?
그가 거짓이 없는가?
그가 미국을 정말로 사랑하는가?
그가 대한민국을 정말로 사랑하는가?

버락 후세인 오바마의 8년 동안 미국은 쑥대밭이 되었다. 인간에게 해롭고 가정을 근본에서 파괴하는 반과학적·반의학적·반역사적이고 반전통적·반성서적 성전환과 동성애를 포상하고 미국, 유엔, 한국, 서구, 세계 국가들(주로 기독교 국가들)에 강요하는 비정상의 부끄러운 나라, 반윤리적 나라로 타락하였다.

기독교 정신 위에 세워진 미국의 우아함과 고귀함과 숭고함이 급속도로 사라지고 미국 '성조기'와 함께 하나님이 증오하는 죄요, 에이즈의 매개체 '동성애 깃발'을 게양하는 정신 나간 나라로 추락하였다.

어떻게 숭고한 미국 국기와 인간을 끝내는 동성애 깃발을 함께 게양할 수 있단 말인가?
동성애가 미국의 상징인가?
친이슬람 버락 후세인 오바마는 미국 국기와 함께 동성애 깃발을 게양해 동성애 깃발이 오랫동안 성조기와 나란히 펄럭이도록 만들었다. 그는 미국 국기 '성조기'를 철저히 모독한 것이다.
 그는 미국 국기 '성조기'를 동성애 깃발 정도로 간주하는가?
 오바마는 왜 그랬을까?
 어떻게 감히 미국을 대표하는 근엄한 성조기 가까이 수치스러운 동성애 깃발을 함께 게양하도록 하는 발상을 할 수 있었단 말인가?

 그것이 바로 버락 후세인 오바마다. 미국 성조기를 동성애 깃발 정도로 간주하는 인물, 기독교를 증오하는 인물, '동성애 반대하는 기독교는 미국(정부)의 적'이라고 홀로 선언한 자, 동성애 반대하는 기독교 기관에 연방정부 재정지원을 중단시킨 자 …
 왜 다른 모든 대통령에게는 전혀 관심사가 아닌 성전환, 동성애가 오바마에게는 그처럼 엄청나게 중요할까?
 동성애가 그에게 얼마나 중대하길래 기독교 국가 미국 대통령으로서 동성애 잡지 '표지 모델'로까지 등장하는가?
 매우 비정상이고 매우 부끄러운 일이다.
 "자나 깨나 동성애, 자나 깨나 성전환."
 오바마의 마음가짐과 정책이다.

 미국은 건국 이래, 엄청난 위기의 늪 속에 빠졌다. 큰 위기의 수렁 속에 떨어졌다. 미국이 늪 속에서 비명을 지른다.

 기독교와 교단은 바로 직시하자!

죽음의 늪에 빠져 점점 끌려들어가는 미국의 고통스러운 몸부림과 비명 소리를 듣는가?

미국을 점점 더 죽음의 늪 속으로 깊숙이 밀어넣는 오바마의 악한 정책을 보는가?

계속 당하면서 가만있지만 말고 미국과 기독교를 무너뜨리는 오바마의 전술에 대항해 싸워야 할 때다!

미국이 고통 속에 몸부림친다.

레바논이 기독교 국가였지만, 무슬림이 레바논에 잠입하고 교회에 침투할 때 교회들은 맨손으로 사랑만 외치다 그들이 휘두른 무력 앞에 힘없이 무너져 결국 이슬람화 되었다.

기독교와 미국을 무너뜨리는 악한 세력을 사랑으로 포용할 수는 없다!

이슬람은 세력이 약할 때 기독교에 머리 숙이고 위장 전술로 잠입하지만, 일단 세력이 형성되면 사정없이 무력을 휘둘러 교회를 무너뜨린다. 레바논처럼 나라를 이슬람화한다.

그러므로 기독교는 좀 더 냉철하고, 좀 더 분별력 있게, 적군과 아군을 잘 분별해야 하며, 냉철한 선교기획을 세밀하게 수립해, 레바논처럼 침투계략에 넘어가는 어리석은 일을 사전에 차단해야 한다.

오바마 시대 세계를 향한 '친이슬람 정책', '이슬람화 정책'을 통해 무슬림이 기독교적 서구 국가들에 많이 이주하고 퍼졌다. 세계를 향한 오바마의 이슬람 확산 정책으로 그의 집권기에 무슬림 이주자들이 서구 국가들 안으로 많이 침투하였다. 그들은 세력을 이루고 때로 이슬람법을 주장하면서 서구 사회에 혼란을 일으켰다. 또 이슬람을 비판하는 학자에게 폭력을 가했으며 서구의 교회들은 약화되었다.

2023년 10월 7일 안식일인 토요일, 팔레스타인 무장단체 하마스가 가자지구 경계선을 침투해 평화로운 이스라엘을 무차별 공격했다. 그날은 안식일이다. 당시 젊은이들이 그곳에서 '평화 파티'를 열며 춤을 추고 있었다. 하마스는 젊은이들과 양민들 1,400여 명을 살해하고 250여 명을 인질로 납치하는 잔악한 공격을 도발했다. 가자지구를 다스리는 하마스의 목표는 이스라엘을 없애고 이슬람 국가를 세우는 것이다.

이스라엘의 반격이 시작되어 치열한 전쟁이 벌어지고 있다. 이때 하마스는 세계 이슬람 단체들과 기관들을 향해 함께 일어나 싸워줄 것을 촉구했다. 이런 상황에서 미국 뉴욕에 '무슬림'이 모여 이스라엘을 규탄하고 미국을 이슬람화하려는 발언을 했다.

끔찍하고 무서운 현실이다. 2001년 이슬람 9.11 테러 공격으로 세계무역센터 빌딩이 폭파돼 3,000명 이상이 죽은 뉴욕에서, 그 충격과 고통이 여전히 생생한데, 2023년 10월 무슬림이 바로 그 뉴욕 땅에서 하마스를 지지하고 이슬람화를 외친다.

오바마가 아니면 그런 일을 감히 뉴욕에서 상상이라도 할 수 있는가?

친이슬람 반미국 오바마가 미국에서 8년 동안 공들여 형성시킨 무슬림 세력이 정체를 점점 드러낸다. 그들은 백악관 앞에서도 극렬시위를 하면서 백악관 게이트를 훼손했다. 버락 후세인 오바마의 반미국·친이슬람 정책으로 미국 각 도시와 지역에 무슬림이 세력을 이룬다.

오바마가 트럼프 전 대통령을 뉴욕에서 쫓아내려 뉴욕에 있는 트럼프 기업들을 오랜 세월 샅샅이 조사하도록 유도하였다. 오바마의 전략에 넘어간 민주당 인물이 미국을 사랑하고 이슬람 테러세력 ISIS를 진멸했으며 좋은 정책을 펼친 트럼프 전 대통령을 뉴욕에서 쫓아내려 고소해 2023년 10월 계속 재판 중이다.

반면에 오바마의 국경 개방으로 침투한 수많은 무슬림은 뉴욕 호텔에 머무르게 하면서 생활비를 지원해주고 정착하도록 지원한다.

얼마나 눈먼 정책인가?

미국인을 우롱하는 정책 아닌가?

반미세력을 미국 중심도시로 끌어들여 키우고, 미국을 사랑하는 대통령은 뉴욕에서 쫓아내려고 한다. 그 이유는 미국 파괴적인 오바마의 정책들을 폐지하고 미국에 좋은 정책들을 시행했기 때문이다.

2023년 10월 16일 오바마가 임명한 타냐 추컨(Tanya Chutkan) 판사가 트럼프에게 개그 명령(gag order, 함구령)을 내렸다. 미국 역사상 불가능한 일이다. 그야말로 무법주의로 미국 민주주의를 무너뜨리는 불의한 정치 재판이 벌어진다. 미국을 향해 이슬람화를 외치는 그들은 테러 집단이다. ISIS가 보여주듯이 "이슬람을 믿지 않으면 죽인다"라는 그들의 목표 때문이다. 그들은 이슬람을 믿지 않는 개인과 가정을 무차별적으로 습격해 죽인다. 단지 무슬림이 아니라는 이유로, 사람을 참수하거나 잔인하게 죽인다.

오바마는 미국과 전 세계에 이슬람 기관들과 단체를 조성해 이슬람을 활성화하고 세력을 키워 놓았다. 미국 역대 대통령의 방침과는 전혀 다르게 '반이스라엘 정책'을 강력하게 펼쳤다. 반이스라엘 오바마가 바이든을 조종함에도 불구하고, 바이든 정부는 하마스의 무자비한 침공에 이스라엘 지지를 선언했다. 외형상 이스라엘 지지를 선언했다.

  트럼프는 역대 어느 대통령보다 이스라엘을 적극적으로 돕고 지지하였다. 예루살렘을 이스라엘의 수도로 선언했으며, '아브라함 조약을 체결해 이스라엘과 중동의 영구 평화 시대를 추진하였다. 트럼프 시대라면 푸틴이나 하마스가 감히 공격하지 않았을 것이며(트럼프는 하마스와 테러 단체를 지원하는 이란자금을 동결하고 포격도 했으며 이란은 힘이 없었다), 중동과 우크라이나가 평화로울 것이다.

  오바마가 움직인 바이든 집권(2021년) 이후, 개방된 국경으로 1000만여 명의 불법자(주로 무슬림)가 침투하였다. 미국이 늪 속에 빠졌다. 이제 우리 모두 하나님의 도우심을 구하고 하나님의 전신갑주로 무장해(엡 6:13-17) 싸워야 한다. 피할 수 없는 싸움이다. 진리와 자유를 부수는 악의 세력에 패배하지 않으려면 싸워야 한다. 인간 존재를 파괴하고 가정과 국가를 허무는 반역에 맞서 싸워야 한다. 우리는 성서와 진리 수호를 위해 싸워야 한다. 진리로 승리하지 않으면, 미국과 기독교의 죽음이다. 자유민주주의 국가들에 흑암이 덮친다. 적이 칼을 품고 달려드는데, 우리는 그들을 얼싸안으면 적은 우리를 찌를 것이다.

  '하나님 아래 한 나라' 미국의 패배다. 착한 사람을 해치는 오바마에게 당하고 있지만 말자. 공화당이 이끄는 텍사스, 플로리다주, 아칸소주 등이 선두가 되어 대항하듯 싸워야 한다.

  그가 미국의 희망인 유아, 어린이, 청소년에 약물 주입해 병자로 만들며, 가슴과 생식기를 베어낼 때 싸우자!

  그가 군대 성전환 강압으로 국가 안보를 무너뜨릴 때 투쟁하자!

미국인을 해치고 국가 안보를 허무는 정책에 침묵은 적에게 확실한 승리를 보장하는 것이다.

진리와 자유를 사랑하는 이여, 우리 모두 선한 싸움을 싸우자!
부활의 능력으로 승리가 오리라.
오늘날 기독교 국가들은 타종교에도 관용을 베푼다.
하지만, 이슬람 국가들은 어떠한가?
그들은 무슬림이 아니면 참수하거나 몹시 박해한다. 21세기에 기독교인이 이슬람 나라에서 박해 당한다. 이슬람 국가에서 기독교인은 안전을 위협당한다. 반면에 기독교 국가에서 무슬림은 자유롭다. 위협당하지 않는다.
너무 불공평하지 않은가?
이슬람 국가들도 기독교를 인정함이 균형을 이루는 것이다. 이슬람 국가들은 기독교인을 박해하고 죽이는데, 기독교 국가들은 무슬림에게 온화하다. 이것은 국제 관계에서 너무 불공평하다. 기독교 국가들이 무슬림에게 온화한 것처럼, 이슬람 국가들도 기독교인에게 온화해야 할 의무가 있다. 국가 간 상호관계는 균형을 이루어야 하며 어느 한 편이 손해를 당하면 안 되기 때문이다. 이런 불공평한 점은 정치와 종교 지도자를 통해 즉각 수정되어야 한다. 다시 말해, 기독교 국가들이 무슬림에게 예의 있게 대하듯, 이슬람 국가들도 기독교인에게 예의 있게 대해야 한다. 그것이 바른 국제 관계다. 국제 관계에서 한 편이 일방적으로 피해당하면 안 되기 때문이다.

종교에 관한 한, 국제 관계에서 현재 기독교가 매우 불리한 입장에 있다. 기독교인이 세계에서 가장 박해를 당한다. 이런 현상은 즉각 바르게 고쳐야 한다. 즉, 이슬람교는 기독교인을 박해하거나 죽이면 안 된다!
그것은 21세기에 폭력이요 살인이다. 그것은 종교가 아니다.
단지 폭력이요 살인이다!
"어느 종교이든 21세기에 폭력과 살인을 저지른다면 그런 종교는 더 이상 종교가 아니다."
"21세기에 그런 종교는 종교의 자격을 상실한다."
21세기에 폭력이나 살인을 저지르는 자들은 더 이상 종교가 아닌 테러 집단이다. 이슬람은 기독교인 박해와 살인을 즉각 멈추라!

만일 이슬람 국가들이 기독교인을 계속 박해한다면, 기독교 국가들은 무슬림을 추방한다고 선언해야 할 것이다. 왜냐하면 이슬람 국가들에서 착한 기독교인이 고통당하고 죽임당하는 현 상황을 그대로 계속 방치할 수 없기 때문이다. 기독교 국가들이 무슬림에게 자유를 주듯이, 이슬람 국가들도 기독교인에게 자유를 주어야 할 의무가 있다. 그것이 균형 잡힌 바른 외교요, 바른 국제 관계이며, 바른 종교 관계다.

동성애자를 죽이는 이슬람 국가들에는 아무 말도 안 하는 버락 후세인 오바마, ISIS가 기독교인과 비무슬림을 칼로 참수하며 대학살할 때도, 이슬람은 평화의 종교라 칭하면서 평화로운 기독교를 비난한 오바마다. 그런 그가 미국에서 성전환, 동성애를 유아, 유치원생, 어린이, 청소년에게 세뇌 교육하고 군대에까지 강압한다. 교도소까지 지원하는 극도의 무법주의를 보였다. 대통령이 무법으로 정치해도 되는가?

　건전한 가치관을 지닌 사람은 누구든지 버락 후세인 오바마의 성소수자 정책이 비정상이요, 나라를 파괴하는 정책임을 명확히 알 수 있을 것이다. 미국과 미국인을 병들게하고 제거하는 정책이다. 그는 '미국 대통령'이라는 직위를 남용해 성전환, 동성애를 미국 깊숙이 뿌리박는 데 전력투구하였다.

　왜 그래야 할까?

　오바마의 목표는 미국 유아, 어린이, 청소년, 군인을 성전환자 동성애자로 만드는 것, 그렇게 되면 미국이라는 나라는 전쟁 없이 쓰러지고 사멸하니까…

　그래서 '6월은 자랑스러운 게이의 달', '자랑스러운 성소수자의 달'로 칭하면서 이상할 정도로 별나게 국가 전체에 성전환, 동성애 붐을 조성시켰다. 오바마는 성전환, 동성애의 붐을 더욱 조성하기 위해 해마다 성전환자, 동성애자를 백악관에 다수 초청해 연회를 베풀고 칭찬하며 포상하였다.

　동성 간 섹스로 에이즈에 걸리고, 인간 생성을 차단하는(가장 무서운 인권 파괴) 동성애자, 남성도 여성도 아닌(non-binary), 불안정한 성전환자를 자랑스럽다 추켜세우며 포상한다. 정상인보다도 높이고 일자리를 주며 지위를 격상시킨다. 그리하여 미국에 성전환, 동성애가 널리 널리 퍼지도록 이끈다.

　오바마는 제정신인가?

　백악관도 오바마로 인해 정신 나갔다. 오바마의 극도의 비정상적인 정책으로 미국은 비정상의 나라로 급변하였다. 인간 존재 그 자체를 비과학적으로 파괴하는 성전환, 인간 존재 형성을 봉쇄해 인간을 끝내는 동성애를 유엔과 한국과 서구, 세계 나라들에 퍼뜨리고 강요하는 반인간적·반자연적·반과학적이고 반윤리적·반성서적 나라로 부끄럽고 추악하게 변형되었다. 오바마의 미국 파괴 전술과 전략에 휩쓸린 민주당과 정치가들, 기독교 지도자들, 교단들, 유명 대학들, 학자들 …

이들의 오판과 좁은 시야와 이기심, 지성의 상실로 인해 미국은 더욱 신음한다.

미국이 어두운 늪 속에 빠졌다. 지성인이 참다운 지식을 지니지 못하고, 교단과 교회가 참다운 성서해석을 하지 못하며, 정치가가 심오하고 냉철한 이성과 판단력을 상실했기 때문에, 미국은 더욱 고통의 늪에 빠져들었다. 악마가 나라를 몰락시키려 침투할 때, 방어하고 격퇴해야 할 정치가들, 기독교 지도자들, 대학들, 학자들이 오히려 악마를 분별력 없이 수용하기 때문에 더욱 위기에 빠진다. 그들이 심오한 지성과 판단력을 상실하고, 각자의 부와 이익을 따라가기 때문에 미국은 더욱 수렁에 빠져든다.

3-5세 유아에게 성전환을 언급하고 어린이 청소년에게 성전환을 세뇌교육하는 21세기의 미국, 성전환자 동성애자를 정상인보다 더욱 높인다. 수십 명의 FBI 요원들이 총을 들고 무고한 제45대 대통령 저택을 습격해 포위하고 샅샅이 조사하는 미국, 헌정 역사상 유례없이 대통령을 기소해 죄 없는 대통령을 4번 기소하고 개그 명령도 내렸다. 그의 성공한 기업을 뉴욕에서 쫓아내려 없는 죄를 만들어가며 고소하는 현재의 미국이다.

반면에 해로운 성전환과 동성애 강압으로 수많은 유아, 어린이, 청소년의 삶을 흑암으로 바꾸고, 돌이킬 수 없는 삶의 폐해를 끼친 제44대 대통령에 대해서는 아무런 문제를 제기하지 않고 있다. 더욱이 미국 군대에 성전환을 강압해 국방을 허문 반역적 정책을 한 그에 대해서는 어떤 문제도 제기하지 않고 있다. 너무 치우쳤고 너무 불공평하며 너무 잘못되었다. 오바마의 인물들이 정의와 공의를 완전히 상실했다. 재판도 받기 전에 애국자들(정치범, '1-6 항의' 재향군인)을 장기간 감옥에 가두고 동물처럼 학대한다. 항시 전투태세로 빈틈이 없어야할 미국 군대에 성전환을 강압한다.

오바마의 집권으로 돌변한 미국이다.

여기가 본래의 선진국 미국인가?

아니면 제 3세계 어느 나라인가?

3. 미국 군대 성전환 강요자의 트럼프 대통령 기소

얼마 전, 미 국방부가 조용히 군대 성전환 정책들을 세부화하고 강화시켰다. 성전환으로 인해 군인들에게 생긴 부작용이나 문제를 공개적으로 알려서는 안 되며, 군인들을 성전환시키는데 지휘관이나 군목, 의사들이 전혀 문제를 제기하지 못하고 100퍼센트 따르도록 지침을 만들었다. 미국 군대를 성전환으로 병들게해 붕괴시키고자 하는 적(enemy)의 교활한 기획이 감지된다.

이와 맞물려 2023년 3월 30일 버락 후세인 오바마의 인물 뉴욕 맨해튼 검사 앨빈 브래그(Alvin Bragg)가 45대 대통령 트럼프를 기소했다. 기소 이유는 포르노 여배우와 관계를 입막음하려 2016년 130,000 달러를 준 것이라 알려졌다.

클린턴은 어떠했나?

그는 백악관에서 젊은 인턴을 농락했지만 무사했다.

전직이나 현직 대통령을 기소하는 것은 미국 헌정 역사상 처음 있는 일이다. 그만치 이번 기소는 일어날 수 없는 사항이다. 대통령을 기소하려면 그가 반역죄를 저질렀거나 미국을 파괴하거나 눈에 확연히 드러나는 중범죄를 저질렀을 때라야 혹시 가능할 것이다.

트럼프가 그런 반역죄나 국가 파괴 중범죄를 저질렀는가?
그렇다면 44대 대통령 버락 후세인 오바마는 어떠한가?

트럼프는 2017년 대통령이 되어 전임 오바마의 나쁜 정책들, 즉 반미정책, 반기독교 정책을 폐지하면서 오바마가 망가뜨린 미국을 다시 살리는 정책들을 세우고 시행하였다. 즉, 오바마가 강행한 성전환, 동성애, 성소수자 정책 폐지, 학교에 성서와 기도 금지 폐지, 군대 성전환 금지, 국경개방금지, 국경 장벽건립, 테러성향의 무슬림 유입금지(무슬림 밴), 학교에 기도와 성서 허락, 생물학적 남녀의 기초 위에 교육 정책시행, 최강의 미국 군대건설, 우주군 창설, 에너지 생산, 철강산업 복구, 미국 기업 살리기 등 눈에 띄도록 미국을 위대하게 만들려는 정책들을 수립하고 시행하였다.

오바마가 가난한 자를 위한 정책(학자금 융자 탕감), 과학연구비 지원에 좋은 정책을 했다고 말하는 이가 있다. 그렇지만 오바마 정책의 큰 문제점은 반미국·친이슬람·반기독교 정책들이 두드러졌다는 점이다.

오바마는 미국과 미국인을 파괴하는 성전환, 동성애를 지나치게 강요하고 지능적으로 퍼뜨렸다. 마치 성전환과 동성애를 온 미국에 깊이 심고 번성시키기 위해 대통령이 된 것처럼 … 미국을 성전환, 동성애의 나라로 만들기 위해 밤낮없이 온몸으로 여러 정책을 만들고 강행하였다. 미국 군대에까지 성전환을 강압했다. 교도소까지 성전환을 지원했다. 그는 학교에서 기도와 성서도 금지했다. 성서를 비치하지 못하도록 했다(호텔 등에 성서가 비치되어 있었음). 십계명을 관공서에서 제거했다. 기독교 기관이나 학교에도 동성애 성전환을 인정하도록 정책적으로 강압했으며 따르지 않으면 연방기금을 중단하는 등 피해를 주고 압박을 가하였다. 오직 친이슬람 버락 후세인 오바마만이 할 수 있는 유형의 정책이다. 반성서적 해로운 성전환, 동성애가 기준이 된다.

이처럼 오바마 정책의 두드러진 문제는 반미국·친이슬람·반기독교 정신이 온통 배어 있다는 점이다. 트럼프는 무엇보다 오바마의 친이슬람·반미국 정책들을 폐지하고 미국과 기독교를 위한 여러 좋은 정책들을 수립하여 국내외적으로 시행하였다. 그런 이유로 대통령 임기 8년 동안 친이슬람, 성소수자 인물들을 필요한 곳에 심어 놓아 세력의 발판을 굳힌 버락 후세인 오바마가 집요하게 민주당 지도부를 통해 트럼프를 대통령 임기 초부터 탄핵하려고 애썼으며, 끈질기게 시도하였다. 오바마가 트럼프 정부를 보이콧(boycott) 하려 했다고도 말해진다. 미국 역사상 처음 있는 반 민주주의적 사태다. 오바마가 그렇게 해야만 하는 데는 이유가 있을 것이다.

첫째, 오바마의 친이슬람·반미국 정책들이 더욱 분명히 내용을 드러내면 트럼프의 큰 비난을 받게 되어 오바마 자신이 위태로워질 수 있다.

둘째, 트럼프가 오바마의 친이슬람·반미국 정책들을 완전히 철폐하고 무효화시키면, 미국을 파괴하기 위해 8년 동안 심혈을 기울였던 오바마의 모든 노력이 허사가 될 수 있다는 우려이다.

트럼프 정부를 무산시키려는 오바마에 이끌린 민주당 낸시 펠로시 하원의장이 의회에서 역사상 유례없이 2번씩이나 아무 죄 없는 대통령 탄핵을 시도했지만(2번째는 단지 트럼프의 우크라이나 전화 한통화로 탄핵시도), 공화당의 반박으로 실패하였다. 특히 공화당 짐 조던(Jim Jordan)의 노력이 컸다. 오바마의 세력은 트럼프 행정부 내부에도 교묘한 방법으로 상호 분열을 조성하고 때로 트럼프 인물들을 괴롭히고 몰아내기도 했다. 그런 것 역시 오직 벼락 후세인 오바마만이 할 수 있는 반민주주의 수법이리라.

트럼프는 대통령이 되어 무엇보다 오바마의 친이슬람·반미국·반기독교 악한 정책들을 철폐하고 미국과 기독교를 살리는 좋은 정책들을 시행했다는 이유 때문에, 미국 역사상 유례없이 민주당 낸시 펠로시(오바마에 이끌려)가 2번씩이나 탄핵을 시도하였으며 실패하자, 없는 죄를 찾으려 여러 해 동안 트럼프 기업들을 샅샅이 조사하고 있다.

대통령이 잘못한 것이 아니고, 없는 죄를 만들기 위해, 대통령 되기 이전 그의 기업들을 전부 조사한다. 털어서 먼지 내려고 대통령 되기 이전 그의 기업들을 세밀하게 조사한다.

여기가 민주주의 국가 미국 맞는가?

없는 죄를 만들기 위해 대통령 되기 이전 모든 기업을 샅샅이 조사한다. 벼락 후세인 오바마 집권 이후 미국 민주주의가 심각히 병들었다.

지금 벌어지는 기소 사건에 바이든은 덜하겠지 기대하던 마음이 오바마가 주도한 앨빈의 기소 사건을 바이든이 협조하고 트럼프를 대통령에 출마하지 못하도록 암시한 그의 말을 듣고 실망한다. 벼락 후세인 오바마는 미국과 기독교를 무너뜨리는 정책들을 주저 없이 시행한 악인이다. 검사 앨빈 브래그는 2022년 맨해튼 검사로 임명되었는데, 트럼프 행정부의 무슬림밴 등 많은 정책을 조사해 왔다고 말했다. 오바마는 집권기 8년 동안 심어 놓은 그의 인물들을 통해 트럼프를 끝까지 물어 늘어지고 있다. 미국 헌정 역사상 처음 벌어지는 반민주주의적 사태다.

트럼프의 무슬림 밴을 포함한 정책을 조사해 왔다면, 왜 오바마의 해악한 성전환 강압 정책은 조사를 안 했는가?
왜 참혹한 질병 에이즈를 감염하고 인간 존재를 끝내는 오바마의 동성애 정책은 조사를 안 하는가?
무슬림이 미국에 못 들어오는 것은 조사할 만큼 중대하고, 미국 유아, 어린이, 청소년, 군인이 오바마의 성전환, 동성애 강압으로 병들고 파괴되는 것은 중대하지 않다는 말인가?

버락 후세인 오바마는 미국 역사상 유례없이 미국 군대에 성전환을 강압했다. 미국 역사상 유례없이 유아, 어린이, 청소년에 성전환, 동성애를 강요하고 부추겼다. 심지어 교도소까지 확산시켰다. 결국 미국과 미국인을 파괴하고 미국을 반성서적 하나님을 대항하는 나라로 변질시켰다. 그러면서 국경 개방으로 무슬림은 점차 증가시키고, 반면 성전환과 동성애로 미국인은 계획적으로 점차 감소시킨다.

두 대통령의 개인적인 면을 잠깐 살펴보자. 트럼프는 기독교인 미국인 부모에게서 태어나 근면한 아버지의 기업을 이어받아 대성공을 이루어 낸 성실한 미국인이다. 그는 술, 담배, 마약을 하지 않는다. 자녀들에게도 안

하도록 가르쳤다. 오바마는 케냐인 독실한 무슬림 친부와 미국인 어머니 아래 태어났다. 어머니가 재혼 후, 어린 시절 독실한 무슬림 계부를 따라 인도의 무슬림 가정에서 자랐으며 이후 미국에 왔고 동성애와 마약을 많이 한 것으로 알려졌다.

두 대통령의 배경 차이가 정책 차이로 이어진다. 트럼프는 정상적이고 건전하며 미국과 기독교를 살리는 정책을 구상해 시행하고, 오바마는 성소수자 정책, 이슬람의 번성, 기독교의 쇠퇴 정책을 구상해 시행하였다. 항상 '인권', '평등', '차별 금지', '다양성', '포용성'이라는 그럴싸한 가면을 쓰고 인권을 심각하게 파괴하였다. 오바마의 미국 파괴 정책의 절정은 '미국 군대 성전환' 강압이다. 군인은 가장 건강하고 강인해야 한다.

군인을 성전환자로 만든다는 것을 상상이라도 할 수 있는가?

기독교 전통 위에 세워진 미국, 하나님의 축복을 받은 초강국 미국, 민주주의 최고 표상 미국에서 기독교와 민주주의가 기획적으로 붕괴되고 있다. 오바마가 주도한 해로운 정책들로 인해 미국과 미국인이 계속 파괴되고 있다. 역사상 유례없이, 아무 잘못 없는 대통령을 2번씩이나 탄핵을 시도하면서까지, 역사상 유례없이 무고한 대통령을 4번씩 기소하면서까지, 미국 군대에 성전환을 강압하면서까지, 미국과 기독교를 무너뜨린다.

미국이 유례없는 위기의 늪 속에 빠졌다. 우리 모두 미국을 무너뜨리는 악의 세력이 폐하고 진리와 자유가 승리하도록 기도 드리자. 진리와 자유, 기독교와 성서를 수호하는 선한 싸움을 싸우자!

전능하신 하나님의 역사를 구하면서 간절히 기도 드리자.
부활의 능력으로 승리가 오리라!
God Save America, One Nation Under God!

제3장

미국을 붕괴시키는 오바마의 성전환

1. 동성애 성전환 강행하며 미국 결혼법을 위반한 오바마와 정책

미국에서 결혼은 무엇을 말할까?
좀 더 구체적으로 미국법에 따르면 결혼은 무엇을 뜻하나?

오바마 전 대통령의 지속적인 요구와 강압으로 2015년 6월 26일 연방대법원에서 소위 동성 결혼에 관련된 판결을 5:4로 아슬아슬하게 내렸다. 매우 부끄럽게도 이 판결을 가장 환영한 부서는 오바마-바이든의 백악관이다. 백악관을 온통 동성애를 상징하는 불빛으로 물들이고 번쩍거리면서 온 세계를 향해 수치를 내보냈다.

대법원의 판결 하나가 마치 미국법이라도 되는 양, 오바마는 그 판결을 극도로 높이고 미국 전역에 소위 동성 결혼을 정책으로 강행시키면서 동성 결혼 반대하는 공직자들을 몰아내기 시작했다. 사실 연방대법원의 이번 판결도 오바마의 힘쓰고 애쓴 오랜 노력의 결실로 볼 수 있다. 오바마가 계속해서 주의 동성애 금지법이 무너져야 하며 게이 결혼을 인정해야 한다고 주지사들에게도 압박을 가해왔고, 자주 공공연하게 게이 결혼 지지를 선언 했으며, 대법원에도 문서를 보내 압력을 가했기 때문이다.

그렇지만 미국에 '성문화된 결혼법'이 엄연히 존재하고 있다. 그 '미국 결혼법'에 따르면, 결혼은 '한 남자와 한 여자의 결합'이다. 다시 말해, '미국 결혼법'에 따르면 오바마가 지속적으로 힘쓰고 압박하는 동성연합은 결혼이 아니다. 성문화된 결혼법이 엄연히 존재함에도 불구하고 오바마는 그 자신이 갈망하는 대로 소위 동성 결혼을 밀어붙였다. 미국의 대통령으로서 참혹한 질병 에이즈를 일으키고 인간 멸종을 부르는 비정상의 동성애를 결혼의 차원으로 승격시켜, 소위 동성 결혼을 밀어붙인 것은 버락 후세인 오바마가 미국 역사상 처음이다.

비정상의 오바마 시대에 동성애, 동성 결혼 반대하는 공직자들 심지어 성직자들도 직위를 박탈당했다. 그 한 예가 앨라배마 대법원장 로이 무어인데, 오바마가 요구하는 동성 결혼을 거부한다는 이유로, 대법원장 직위에서 물러나야 했다. 대법원장 무어는 "동성 결합은 결혼이 아니다!"라고 강조하며 성서적 결혼을 끝까지 주장하였다. 비록 대법원장 자리를 박탈당해도 그는 동성연합을 결코 결혼으로 인정하지 않았다.

21세기에 기독교 국가 미국에서 친이슬람 오바마로 인해, 성서를 믿는 사람들과 올바른 결혼관과 가치관을 지닌 사람들이 박해 당하기 시작하였다. 여기서 다시금 강력히 질문을 제기해야 한다.

지금 미국에서 시행되는 미국법에 따르면 "결혼은 무엇인가?"
오바마가 하듯 "'동성 결합'을 '결혼'이라 칭할 수 있는가?"
그렇지 않다!
미국에서 오랜 세월 '성문화된 법'에 따르면 '결혼은 한 남자와 한 여자의 결합'이다. 동성 간에는 결코 결혼이 성립되지 않는다. 이 법이 이제까지 미국 모든 주에 적용되며 살아 효력을 지닌 '미국 결혼법'이다!

그렇다면, 앨라배마 대법원장이 오바마가 강요한 소위 동성 결혼을 인정하지 않는다고 직위를 박탈한 것은 크게 잘못이다. 그는 미국 의회가 법으로 제정한 결혼법(클린턴의 결혼 옹호법, 1996년)을 지킨 것이다. 다시 말해, 1996년 미국 상하원이 압도적 지지로 제정한 '성문화된 결혼법'을 존중하고 성문화된 결혼법을 잘 지킨 훌륭한 대법원장이다.

소위 동성 결혼을 밀어붙인 벼락 후세인 오바마는 어떠한가?
그는 의회가 제정한 결혼법마저 완전히 무시하고 완전히 깨뜨린 위법자요 무법자다.
대통령이라는 직위가 그처럼 의회 상하 의원이 절대적으로 성문화시킨 법을 완전히 무시하고 깨뜨릴 수 있는 자리일까?
행정부의 수반 대통령은 입법부가 제정한 법을 무시해도 되는가?
대답은 "아니오"다.
삼권은 분리되어 있다. 오바마는 행정 명령을 내릴 수 있겠지만 입법부처럼 법을 제정할 수 없다!

다시 말해, 대통령은 법을 존중하며 의회가 제정한 법을 준수해야 한다.
그렇다면 동성애, 동성 결혼, 성전환을 지나치게 확장시키고 강행하면서, 미국의 '성문화된 결혼법'을 파괴한 오바마의 동성 결혼을 어떻게 설명해야 할까?
어떻게 말해야 하나?

그는 미국의 성문화된 결혼법을 파괴한, 돌이킬 수 없는 큰 잘못을 했으며, 정상적인 사회라면 마땅히 입법기관 의회 상하의원이 압도적 지지로 성문화시킨 '미국 결혼법'을 무시하고 파괴한 그의 무법 행위에, 상당하는 법의 응보를 받아야 할 것이다.

21세기 기독교 국가 미국에 의회 상하원의원이 압도적인 지지로 제정한 '성문화된 결혼법'이 있다. 오바마 정부의 도를 넘는 소위 동성 결혼 부추김과 강행 정책으로 국민은 아마 잘 모르고 있을, 결혼에 관한 법이 있다. 이 성문화된 '미국 결혼법'에 따르면, '결혼은 한 남자와 한 여자의 결합'이다. 즉, 결혼은 하나이고, 여럿이 아니며, 오바마의 동성연합은 결혼이 아니다. 이것이 미국 의회가 세운 '법에 따른 결혼의 정의'다. 이 법은 1996년부터 이제까지(2022년 12월) 미국 모든 주에 살아 있는 법으로 효력을 지니고 있다.

이 살아있는 법은 '결혼 옹호법'(DOMA: The Defense of Marriage Act)이라 불리며 1996년 빌 클린턴 대통령 때 미국 상하원의원이 압도적으로 성문화시킨 결혼법이다. 이 '결혼 옹호법', 즉 미국의 성문화된 법에서는 '결혼은 한 남자와 한 여자의 결합'으로 정의된다.

그런데 얼마 전, 이 결혼법을 무효화하고, 그 대신 동성 간 연합을 결혼으로 법제화하려는 시도가 있었다. 연방대법원이 낙태권을 무효화시키고 각주로 그 문제를 돌려보내자, 소위 동성 결혼도 무효화될 수 있다는 우려에서 동성 결혼을 보호하려고 오바마가 민주당 지도부를 부추겨 민주당이 주도하는 법이다.

오바마 자신은 의회가 제정한 결혼법을 전혀 지키지 않았다.

얼마나 큰 모순인가?

그렇지만 오바마의 소원대로 클린턴의 결혼 옹호법, '미국 결혼법'이 무효화되지 않았으며, 오바마에 이끌린 낸시 펠로시가 하원에서 7월에 통과시켰지만(민주당 100퍼센트 찬성), 그 법을 신속히 투표해 통과시키라고 넘긴 상원에서 지난 9월 15일 투표가 연기되어 11월 중간선거 이후로 미루어졌다. 투표가 연기된 이유는 공화당 지지자 10명을 확보해야 통과되는데 공화당은 동성 결혼, 성전환을 반대하므로 10명을 확보할 수 없기 때문이다.

미국에 '성문화된 결혼법'이 이제까지 엄연히 존재함에도 불구하고, 이 살아 있는 입법부의 결혼법을 전혀 무시하고, 소위 동성 결혼을 강력히 몰아붙인 행정부 수반 오바마에게 또한 하원의장 낸시 펠로시에게 문제를 제기해야 한다.

미국의 성문화된 결혼법을 무시하고 소위 동성연합을 결혼으로 거세게 추진한 오바마의 초법적 행위를 민주당 의회는 왜 방관하였는가?

왜 하원의장 낸시 펠로시는 입법기관 의회가 제정한 '성문화된 결혼법'이 살아 있음을 오바마에게 강력히 통고하고 경고하지 않았던가?

오바마와 낸시 펠로시는 1996년 빌 클린턴 대통령 때 미국 상하원의원들이 압도적으로 성문화한 '결혼법', 다시 말해 미 상하원의원들이 압도적 찬성으로 제정한 '결혼법'을 무시하고, 대수롭지 않게 팽개친 법을 지키지 않은 자들이다.

삼권은 분리되어 있으며, 법은 의회에서 제정한다. 입법부가 제정한 법을 오바마와 행정부는 무시하지 말고 잘 지켜야 했다. 이 점에 관해 심각하게 문제를 제기해야 한다. 절대로 그냥 넘어갈 수 없다!

만일 그냥 넘어간다면 의회에서 성문화된 법마저 대통령과 행정부가 마음대로 무시한 선례를 남기게 된다. 그리고 그것은 의회민주주의 붕괴를 뜻한다.

미국의 민주주의와 참된 결혼을 지키기 위해, '성문화된 결혼법' 위에 군림하면서 소위 동성 결혼을 급히 몰고 간 오바마에게 또한 이를 방관한 하원의장 펠로시에게도 문제와 책임을 심각하게 추궁해야 할 것이다. 성문화된 미국 결혼법을 대수롭지 않게 무시하면서, 소위 동성 결혼 반대하는 선한 이들을 직위에서 몰아낸 행보는 절대로 그냥 넘어갈 수 있는 일이 아니다. 매우 정당하게 문제를 제기하고, 매우 올바르게 문제를 다루어, 그에 상당하는 응보를 반드시 내려야 할 것이다.

　우리 모두 깊이 생각하고 바르게 알자. 미국의 성문화된 '살아 있는 법'에 따르면 '결혼은 한 남자와 한 여자의 결합'이다. '한 남자와 한 여자의 결합'이 결혼이다. 소위 동성연합은 결혼이 아니다. 살아 있는 미국 법에 따르면 결혼은 '한 남자와 한 여자의 결합'이다. 참된 결혼이요 성서적이고 올바른 미국 결혼법을 우리 모두 굳건히 수호하자. 그리고 11월 중간선거 이후 오바마와 민주당이 미국 결혼법을 폐지하지 못하도록 깨어 경계하자. 그리하며 오바마가 극도로 부추긴 동성애, 동성 결혼, 성전환 등 국가와 가정을 근본에서 파괴하는 해로운 정책이 모두 사라지도록 힘쓰고 깨어 기도하자.

God Save America, One Nation Under God.

2. 유아·어린이·청소년 학대하는 성전환 교육 정책 즉각 폐지를!

어찌 된 일인가?

현재의 위기를 표현하기에 언어가 부족하다. 현재 미국에서 강행되는 인간 파괴적인 사악한 교육과 정책들은 상상을 넘어선다.

미국 유아들과 어린이들 청소년들을 모두 병자로 만들어 죽일 작정인가?

구체적으로 특별히 유아, 어린이, 청소년을 타겟팅하여 성전환을 홍보하고 세뇌하며 교육하는 비정상의 악한 정책들이 강행되고 있다.

부모도 모르게 학교에서 자녀들에게 벌어지는 '성전환 세뇌 교육'을 강력히 반대하면 '국내 테러분자'로 몰고 간다. 미국이 잘못되어도 너무 잘못된 방향으로 가고 있다. 더 이상 완전히 돌이킬 수 없기 전에 반드시 이제 미국은 속히 돌아서야 한다. 조금이라도 머뭇거린다면 점점 더 죽음을 향해 가는 것이다. 이처럼 미국 유아들 어린이들 청소년들과 군인들을 파괴하는 성소수자(LGBTQ) 확산 정책들은 '친이슬람·반기독교' 버락 후세인 오바마 시대에 최초로 시작되어 세밀하게 많이 수립되고 강행되었다.

트럼프 시대에는 '미국을 죽음으로 몰고 가는' 오바마의 사악한 정책들을 폐지했다. 그것이 절대로 쉽지 않았지만, 미국과 기독교를 사랑하는 트럼프는 확실하게 오바마의 사악한 정책들을 폐지하고 생물학적 '남자'와 '여자'만을 인정했으며, 학교 교육도 그런 기초 위에 해야 한다고 행정명령과 지침을 내렸다. 참되고 올바른 교육 정책을 수립하고 시행하였다.

그렇지만 코비드-19 확산기, 뜻밖에 바이든이 집권하자, 오바마 시대가 다시 살아났다. 지나치게 성전환과 동성애를 유아기부터 확산시키는 정책을 다시 강행한다. 하늘이 통곡할 일이다.

어찌 이처럼 반인류적·반과학적·반성서적 일들이 기독교 국가 미국에서 벌어지고 있단 말인가?

오바마의 성전환, 동성애 교육 정책에 가장 선봉은 캘리포니아주다. 2022년 7월, 로스앤젤레스 학교들이 초등학교 어린이들을 위한 성전환 교육 계획과 자료를 제공한다(GP. 2022.7.12).

미국에서 두 번째 큰 학군(school district)이 어린이들에게 성전환 촉진을 초점으로 하는 자료와 교육 계획을 제공하는 그룹과 협력하였다. 이 그룹은 어린이들에게 성전환을 퍼뜨리는 자료와 교육 계획을 만들어 제공한다.

LA 연합학군(LAUSD)이 좌익기관들과 제휴하여 성전환 관련 교육을 촉진하는 어린이 도서를 교사들에게 풍부히 나누어 준다. 학군과 제휴 기관 중 하나인 '열린 도서'(Open Books) 그룹은 "어린이를 LGBTQ+스토리텔링"으로 확인시킬 것을 목표로 하여 공립학교에 어린이 성전환을 승인하는 책을 분배한다. 학군은 발달적으로 초등학생들에게 적합한 성소수자 주제의 책들을 엄청나게 많이 기부 받았다(학군의 웹사이트).

그들은 이렇게 말한다.

우리는 이 교육과정 자료들이 교육자에게 교실과 더 크게는 모든 학생에게 학교지역을 더욱 안전하고, 더욱 포괄적이며, 더욱 확언적이 되도록 만드는 토론과 활동의 어떤 진입점이 되기를 바란다.

그렇지만 어떻게 그런 책들이 학교지역을 더욱 안전하게 만든다는 것인가?

무엇에 대한 포괄이고 무엇에 관한 확언인가?

도대체 무엇에 대한 토론과 활동의 진입점인가?

유해한 '악'은 무해한 '선'으로 위장하고 다가온다. 그렇지 않으면 배격당하기 때문이다. 소위 해로운 성전환을 사실 그대로 말한다면, 누구도 용납하거나 찬성하지 않을 것이다. 그러므로 실제 '성전환'과는 아무 관련 없고 거리가 먼 좋은 용어들을 끌어들여 위장시킨다. 버락 후세인 오바마의 수법이다. 검증되지 않은 비정상 해로운 성전환, 동성애를 극도로 부추길 때, 그는 항상 '인권 보호', '인간 평등', '차별 금지'라는 그럴싸한 위장 가면을 쓰고 내세운다.

그러나 사실 '인권 보호', '인간 평등', '차별 금지'라는 좋은 용어는 인간 존재를 파괴하는 비정상 '성전환과 동성애 확산'에 끌어들일 용어가 결코 아니다. 그것은 해로운 독을 달콤한 주스로 포장하여 퍼뜨리는 버락 후세인 오바마의 수법이다. 또는 해로운 독의 표면에 사탕이나 꿀을 발라 퍼뜨리는 그의 위장 수법이다. 초등학생에게 검증되지 않은 위험한 성전환을 의무적으로 확산시켜 학생들을 성전환자로 만들려는 목적으로 좋은 언어들로 위장하고 다가선다.

하지만, 우리 모두 분명하게 알자. 검증되지 않은 인간 파괴적, 반과학적(반생물학적), 반성서적 성전환은 매우 해롭고 매우 위험하다.

학교에서 교육해서는 안되는 사항이다!

교육 자료는 보편성, 진실성, 건강성을 지녀야 한다. 보편성과 진실성이 없고 사람의 건강을 해치는 내용을 교육할 수 없으며, 교육 자료로 결코 사용해서는 안 된다.

어린이, 청소년의 건강한 신체를 약물주입과 수술로 인위적으로 파괴하는 소위 성전환을 홍보하는 책은 안전, 확언이라는 긍정적 의미와는 아득하게 거리가 멀다. 그런 책의 예를 들어보자. 학군령이 홍보하는 16권 중 1권 『언제 에이단(Aidan)은 형제가 되었나?』가 있다. 그 책은 5살 무렵의 유아기 어린이에게, 여성의 성(sex)을 바꾸기 원하는 한 아이(책 속의 인물)를 따르도록 의도한 내용이다. 즉, 한 여아(she)가 자신의 성(sex)을 바꾸도록 의도하고 자기 자신을 남아(boy)로 표현하도록 준비시키며 따르도록 만든다. 그 책에서 묘사한다.

> 에이단이 태어났을 때, 모든 사람이 그(he)를 여아(girl)로 생각했다.
> 그의 부모(His Parents)는 그에게(him) 예쁜 이름을 지어주고
> 그의 방(his room)은 여아의 방처럼 보였고
> 그(he)는 다른 여아들이 입는 것처럼 옷을 입었다.
> 그는 자신이 트랜스 남아(trans boy)였다는 것을 깨달은 이후,
> 에이단과 부모들은 더 이상 적절하지 않은 그의 삶의 부분들을 고쳤다.

이처럼 말도 안 되는 허구를 묘사한다. 천진난만한 어린이에게 성전환을 강요하고 퍼뜨리려 '거짓과 허구의 책들'을 학교에서 교육 자료로 사용한다.

누가 이런 책들을 그처럼 많이 만들어 초등학교에 공급하도록 자금을 대는가?

미국 유아들을 해치려는 반미 세력, 반기독교 세력 아닌가?

의도적으로 여아를 처음부터 아예 남아(he)로 확정지어 표현했다.

얼마나 문제 있고 거짓된 용어인가?

완전히 거짓으로 점철된 해로운 책이다. 생물학적으로 '여자 아기'로 태어났는데 아예 처음부터 '남자 아기'로 단정해 표현한다. 뚜렷하게 보이고 입증되는 '여아'라는 과학적 사실과 진리를 완전히 부인하고, '남아'라는 허구의 거짓된 주장과 가정을 내세운다. '여아'를 '남아'라고 우기는 그런 거짓된 주장은 어떤 증거로도 뒷받침되지 않는다. 아무런 증거 없이 '여아'를 '남아'라고 말하고 선언하는 것이 전부다.

그렇지만 증거 없이 말로 그처럼 선언한다고 '여자 아기'가 '남자 아기'로 바뀌는가?

'여아'로 태어난 아기는 정말 '여아'다. 이것이 사실이요 진리이며 과학이다. '여아'로 태어난 아기를 '남아'로 말하고 선언하는 것은 거짓이요 허위이며 반과학이다. 그러한 거짓과 허구와 반과학을 교육해서는 안 되며 교육 자료로 사용해서도 안 된다.

어찌 그럴 수 있는가?

얼마나 의도적이고 사악한가?

이보다 더 거짓을 조장하고 유아들을 파괴하는 잘못된 정책과 책이 있을까?

이런 거짓된 책을 어떻게 교육 자료로 사용한다는 말인가?

캘리포니아의 교육과 정책이 완전히 틀렸다. 남성과 여성으로 인간을 창조하신 하나님을 무시하고, 피조물 자기들이 매우 어설프고 섣부른 방식으로 성(sex)을 억지로 거짓되게 선언하고 변경시키고자 한다. 결국 검증되지 않은 매우 조잡하고 위험한 방식으로 남성도 여성도 아닌 희한한 상태, 비정상의 '위태로운 상태'로 인간 신체를 변질시키고, 신체적 정신적으로 점차 붕괴하게 만든다. 이들은 창조자도 아니면서 창조자인 척하고, '거짓 성'을 만들어 낸다.

"아기가 태어나기 이전 아기의 성(gender)에 관해 질문해 본 적이 있습니까? 책을 읽은 후에 생각을 달리하게 되었습니까?"
"에이단이 태어났을 때 부모들과 의사들은 그를 여아로 생각했지만, 에이단은 그가 남아라는 것을 알았음을 교사들은 설명할 수 있습니다."

책의 안내서가 교사들에게 말한다. 거짓과 허구로 점철된 내용이다.
5살 유아가 어찌 자신의 성을 구별해 알 수 있을까?
이런 거짓된 자료는 학교 교육에서 당연히 거부돼야 마땅하다.
유아·어린이는 단순하고 깨끗하며 천진난만해 그처럼 복잡한 생각을 할 수 없음을 우리는 잘 알고 있다. 우리의 사랑스러운 어린아이에게 말도 안 되는 거짓(부정직한 성인이 만들어낸 해로운 거짓)을 뒤집어씌운다. 그리고 이후 사춘기 차단제를 투입하고 성전환을 유도하는 반인간적, 반과학적, 반성서적 "허구의 책"을 교육 자료로 사용하면서 홍보한다.
기가 막히게도 교육부 ADL(Anti-Defamation League 명예훼손방지연맹)은 그 책을 '이달의 책'으로 명명했다. 이것은 학군에서 육십만 명이 넘는 어린이들을 향해 성전환을 세뇌하는 단지 최근의 한 단계다.

바이든 행정부가 '학교에서 소년이 소녀 화장실을 사용하도록 허락하지 않는다면 저소득층 가족을 위한 무료급식 연방지원금을 중단하겠다'고 선언하였다(2022년 5월). 바이든 행정부가 오바마가 하던 방식을 그대로 배워 선언한다.

소년이 소녀 화장실을 사용한다는 것이 말이 되는가?

이런 말도 안 되는 요구를 내세우면서 저소득층 무료급식 지원금을 중단하겠다니 정말 창피한 일이다.

성전환자 문제가 저소득층 무료급식과 무슨 관련이 있나?

각기 분리된 독자적 문제이기 때문에, 각기 분리해 독자적으로 처리해야 하고, 상호 연결할 수 없는 문제이건만, 억지로 연결한다. 저소득층 무료급식을 지원하는데 성전환이 기준이 된다.

오바마가 동성애를 기준으로 국내외 정책을 처리했듯이, 바이든이 성전환을 기준으로 국내 정책을 처리한다. 오바마가 하던 방식을 잘도 배워 그대로 흉내낸 말도 안 되는 무질서한 행정을 한다. 2022년 6월 15일 오바마가 움직인 바이든은 'LGBTQI 권익'을 증진하는 대통령 행정 명령을 내려 허다한 여러 정책을 발표하였다. 오바마 집권기와 그의 조종을 받는 바이든 시대에 미국 유아, 어린이, 청소년이 몹시 학대당하고 있다. 상상조차 할 수 없는 소위 '성전환'이라는 전혀 검증되지 않은 무섭고 잔악한 시술로 미국의 미래인 유아 어린이 청소년을 병들게 하고 있다.

유아 어린이 청소년은 미국의 희망이고 미국의 미래다. 미국의 미래와 희망 유아 어린이 청소년이 역사상 최초로 잔악한 학대를 당하고 있다. 오바마-바이든의 사악한 정책 아래 비정상으로 변질되고 병들어간다. 버락 후세인 오바마는 성전환으로 미국의 미래를 닫는다. 인간 행복의 보금자리 가족을 파괴하여 나라의 존속을 막는다.

"유아 어린이 청소년 학대하는 성전환 철폐하라!"

수렁에 빠진 교육과 정책이 바로 서도록 항거하고 감시하자. 미국을 구조하기 위해 힘쓰며 기도하자. 하나님, 해로운 성전환을 폐하소서. 교육과 정책이 바로 서게 하소서. 자비를 베푸소서!

God Save America, One Nation Under God

3. 성전환, 동성애 강요자의 트럼프 대통령 저택 습격

누군가 조종하여 미국을 무너뜨리고 있다.

성전환과 동성애를 유아기부터 부추긴다. 특히 어린이, 청소년에게 더욱 홍보하고 성인뿐 아닌 미국 군대까지 확산시킨다. 교도소까지 지원한다. 무섭고 소름 끼치는 일들이 지금 미국에서 정상인 것처럼 강행된다. 오바마와 그의 조종을 받은 바이든의 작품이다.

'대그룹의 FBI 요원들이 플로리다 팜비치 트럼트 대통령의 저택을 습격하고 포위하며 점거했다'는 2022년 8월 8일 긴급 속보에 놀랐다. FBI 요원들의 전 대통령 저택 습격은 그 대통령이 정말로 역사상 국가반역이나 아주 무서운 잘못을 저질렀을 때만 가능하리라. 미국 역사상 초유의 사건, 전무후무한 사건이 오바마가 조종한 바이든 정부의 FBI에 의해 일어났다.

2022년 8월 8일, 오바마의 조종을 받은 FBI가 제45대 대통령 트럼프의 저택을 급습하여 포위하고 점거하였다. 그들은 전직 미국 대통령에게 매우 무례한 행태를 보였다.

미국의 연방수사국(FBI)이라고는 생각할 수 없을 정도다.

도대체 어떤 연락이나 힌트도 없이 전직 대통령의 집을 그처럼 쳐들어와도 되는가?

연방수사국 대원이 대통령 저택을 방문하려면 사전에 대통령 사무 담당자와 연락을 취하여 이유를 밝히고 시간도 조정해야 하는 것 아닌가?

조사할 자료가 있으면 먼저 문서를 보내 정식으로 요청을 하고 그 응답을 기다려야 하지 않는가?

죄 없는 제45대 대통령의 저택을 범죄자의 집처럼 급습해도 되는가?

그럴만한 죄가 있어서 대통령 저택을 수사하는 것이 아니다. '죄가 있을 것'이라는 추측과 가정 하에 죄를 발견하기 위해 저택을 급습한다. 미국의 민주주의와 법치주의를 파괴한 무례한 행태들이다.

그들이 최고로 발전한 민주주의 국가 미국의 연방수사국 요원이 맞는가?

어찌 그처럼 무법적으로 치우친 행태를 보이나?

어찌 그처럼 일방적으로 치우쳐서 수사하는가?

누구를 위한 조사인가?

누구를 위해 무고한 45대 대통령의 없는 죄를 굳이 발견하려고 작전을 펼치는가?

왜 44대 대통령 오바마는 전혀 수사하지 않으면서 트럼프만 계속 괴롭히는가?

누가 명령을 내렸는가?

도대체 누구의 명령에 따라 이런 반민주적 반미국적 수사를 하나?

바이든의 백악관은 이 사건이 일어나자 "대통령은 전혀 모르는 일이다. 그런 일이 벌어졌는지 대통령은 방송을 듣고 알게 되었다"라고 대응했다.

정말 몰랐을까?

바이든 대통령도 모르는 일이 일어났다. 바로 전임 대통령의 저택을 연방수사국이 포위하는데 후임 대통령은 전혀 모르는 일이라고 말한다. 만일 그 말이 사실이라면 대통령의 권한에 의문이 생긴다. 대통령 모르게 다른 사람이 연방수사국을 움직여 전임 대통령 집을 급습하여 포위했다면 대통령은 그런 비헌법적 움직임에 당연히 제동을 걸었어야 할 것이다. 몰라서 제동을 걸지 않았다면, 바이든 대통령 말고 다른 사람이 그런 막강한 권력을 지녔음을 뜻한다.

그가 누구인가?

보통의 사람 누구도 FBI에게 전직 대통령의 자택을 포위하라는 명령을 내릴 수 없다. FBI는 어떤 명령도 받지 않고 자기 마음대로 그처럼 할 수도 없을 것이다.

그렇다면 어떻게 미국 대통령에 대한 예우를 완전히 무시한 무법적 일이 일어날 수 있었을까?

더군다나 트럼프는 오바마가 망가뜨려놓은 미국을 다시 정상으로 복구시키려고 힘써 노력한 좋은 대통령이다. 바로 전임 버락 후세인 오바마가 8년 동안 파괴하고 쇠퇴시켜 놓은 미국을 다시 위대하게 만들고자 애쓴 대통령이다.

미국 FBI를 누가 움직일 수 있는가?

누가 감히 제45대 대통령 저택을 습격해 점거하고 수색하라는 명령을 내릴 수 있었을까?

바로 트럼프의 전임 44대 대통령이다. 트럼프 임기 바로 이전에 8년 동안 집권해 의도적으로 사람들과 친분을 쌓고 의도적으로 권력의 발판을 여전히 구축해 놓은 44대 대통령이 할 수 있다. 클린턴이나 부시 대통령, 또 다른 대통령 누구도 트럼프를 수사해야 할 이유가 전혀 없기 때문이다.

이 시점에서 오바마가 8년 재임 중에 권력으로 구축해 놓은 발판으로 바이든을 움직일 수 있고, 연방수사국(FBI)에 명령이나 허락도 내릴 수 있다. 그렇게 할 수 있는 이유 중 하나는 오바마가 트럼프를 몹시 미워하고 두려워하기 때문이다.

오바마는 왜 트럼프를 몹시 미워하고 두려워할까?

첫째, 트럼프가 오바마의 후임자이기 때문이다. 후임자인 트럼프는 전임자 오바마의 친이슬람, 반기독교, 반미정책들을 잘 알며 더욱 상세히 알 수 있다. 그 정책들을 깊숙이 조사하면 오바마 자신이 큰 비난에 직면하며 매우 위태로워질 수 있다. 오바마의 미국 국적에도 오랜 세월 여러 문제들이 제기되었다.

둘째, 트럼프는 오바마의 많은 미국 파괴 정책들을 폐지했으며 오바마와는 정 반대 방향의 정책을 펼치고 시행하였기 때문이다. 트럼프 정책 지침은 "미국을 다시 위대하게"이다. 오바마처럼 '미국을 더욱 쇠약하게'가 아니다. 오바마처럼 친이슬람 반미국이 아니다. 트럼프는 오바마의 친이슬람·반미국 반기독교 정책들을 폐지했다. 오바마가 보기에 얼마나 못마땅했을까?

오바마는 미국을 전혀 배려하지 않는 정책들을 주로 했다. 그래서 오바마-바이든 시대에 "아메리카 라스트"(America Last)라는 표현도 등장했다. 하나님을 미국에서 없애고 이슬람 국가들과 중국 러시아 등이 강해지도록 정책을 펼쳤다. 반면, 성전환, 동성애 확산으로 미국은 병들고 쇠약해지도록 정책을 시행하였다.

트럼프는 "미국을 다시 위대하게"(Make America Great Again)라는 슬로건을 내걸고 선거 운동을 맹렬히 해 당선된 대통령이다. 미국을 사랑하고 미국을 다시금 위대하게 만들며 미국의 기초정신 기독교를 번영시키는 것이 트럼프 정부의 노선이다. 특별히 오바마 시대에 기독교가 여러 면에 제압을 당했기 때문에 미국인들은 트럼프가 오바마의 잘못된 정책들을 폐지하고 미국과 기독교에 좋은 정책들을 세워 시행하기를 갈망하고 있었다. 트럼프는 미국인들의 기대에 부응해 미국과 기독교를 해치고 이슬람을 지원하는 오바마와는 정반대의 정책을 강구하고 시행하였다. 그러므로 미국을 몰락으로 이끄는 오바마의 많은 정책들을 폐지했다. 트럼프로 인해 오바마가 8년간 심혈을 쏟아 수립하고 시행한 정책들이 무효화 되었다. 또한,

트럼프가 재집권하면(2020년 또는 2024년) 친이슬람 반기독교 반미국 정책들을 강력히 펼친 오바마 자신도 큰 위기에 처해질 수 있다.

죄 지은 사람은 그 죄를 계속 감추고 모면하기 위해 다른 사람에게 죄를 만들어 뒤집어씌운다. 자신의 죄를 감추고 자신이 당할 위기를 모면하기 위해 어떻게 해서든지 상대방에게 죄를 만들어 뒤집어씌우거나 상대방을 감옥에 가두려고 발버둥 친다. 그 자신이 지은 죄를 감추고 그 자신이 살아남기 위해서다. 자신이 살아남기 위해 상대방을 해친다. 지금 오바마는 트럼프의 없는 죄를 만들어 뒤집어씌우려고 온갖 노력을 다하는 중이다. 오바마는 가까운 민주당 인물들을 통해 아무 죄 없는 트럼프를 4번이나 기소하면서까지 트럼프를 억누르려 애쓴다.

자신이 떳떳하다면, 왜 후임 대통령의 없는 죄를 만드는 일에 그렇게 골몰하겠는가?

오바마-바이든이 저지른 잘못과 죄를 감추기 위해 무고한 트럼프의 죄를 만들어내려고 안간힘을 쓰는 중이다. 반미국 친이슬람 정책을 강행한 그늘진 오바마에게는 트럼프에 대한 증오와 두려움이 있다. 더욱이 2020년 대통령 선거 결과도 많은 논란에 휩싸여 있다.

오바마가 던져 놓은 죽음의 궤도로부터 미국을 구조해 낸 좋은 대통령의 저택을 급습하고 포위한다. 후진국에도 잘 일어나지 않을 일이 발생한 것이다. 총을 든 FBI 요원들이 대통령 저택을 포위하였다. 그리고 뜨거운 날씨에 변호사를 밖으로 내보냈다. 그들은 감시 카메라도 끄라고 요구하였다.

왜 감시 카메라를 끄라고 요구하나?
FBI가 해서는 안 될 부당한 행위를 하려는가?

정당하고 법에 위배되지 않는 행동이라면 굳이 감시 카메라를 끄라고 요구할 이유가 없지 않은가?

연방수사국 요원들이 아무도 모르게 무언가를 슬쩍 진행하고자 하나 보다. 제45대 대통령의 자택을 급습해 중범죄자의 집처럼 비정상으로 수색한다. 그들은 사람들을 모두 내보내고 오랜 시간을 수색하였다. 8시간 반-9시간 정도 아주 낱낱이 수색하엿다. 퍼스트 레이디 멜라니아의 옷장까지 철두철미하게 조사하였다. 미국 역사상 처음 일어난 무법적인 이례적 수사를 벌린 FBI 요원들은 15개 정도의 박스를 끌어내어 싣고 갔다.

선진국 미국의 민주주의는 어디로 갔는가?
죄 없는 제45대 대통령의 저택을 FBI 요원들이 총을 들고 급습해도 되는가?
누가 이런 반민주주의적 명령을 내렸나?

미국은 버락 후세인 오바마 집권 이전에는 정상적인 나라였다. '하나님 아래 한 나라', 하나님의 축복을 받은 나라, 자유와 민주주의 표상, 초강국 미국이었다. 비록 동성애를 찬성하는 무리가 소수 있었다 해도 그들이 국가에 영향을 미칠 정도가 아니었다. 성전환은 잘 알려지지도 않았다. FBI도 이처럼 한편에 치우쳐 무법적이고 무례하며 부당한 수사를 강행하지 않았었다. 판사나 검사도 극도로 한편으로만 치우치는 경우가 잘 보이지 않았다.

매우 불공평하게도 친이슬람 반미국 정책들로 미국과 미국인을 파괴한 오바마에 대하여는 아무런 문제를 제기하지 않으면서, 오직 트럼프를 향해서만 계속 죄를 찾으면서 기소하고 고소한다. 심지어 연방수사국이 급습해 중 범죄자처럼 수색한다. 이런 것 역시 오바마가 사태의 배후 조종자임을 암시한다.

매우 불공평하고 편파적인 반민주적 사태들이 만연하게 벌어지는 현 상황에서 냉정하게 질문해 보자.

트럼프 대통령이 무슨 잘못을 했는가?

오바마-바이든 대통령은 무슨 잘못을 했을까?

오바마 대통령은 집권기 동안 일국의 대통령으로서는 극도의 비정상으로 특히 '동성애', '성전환', 성소수자 정책을 강행하였다. 그는 비정상의 성전환, 동성애를 미국, 유엔, 한국, 서구, 주로 기독교 국가들에 확산시키려 막대한 재정을 투입하고 많은 정책들을 최초로 구상하고 만들어 강행시킨 인물이다. 특별히 유아, 어린이, 청소년, 미국 군대에 해로운 성전환, 동성애를 더욱 퍼뜨리려 끈질기게 노력하였다. 항상 '인권', '평등', '차별 금지'라는 선한 가면을 쓰고, 반자연적 해로운 성전환, 동성애를 집요하게 확산시켜 갔다. 반면, 미국 국방비를 무섭도록 삭감해 국방력은 약화되었고, '기후 위기'를 내세워 미국 에너지 생산을 중단함으로써, 미국은 이슬람 국가들에 매달리는 '에너지 의존 국가'로 전락하였다.

오바마 집권기에 ISIS가 비무슬림과 기독교인을 참수하고 대학살해도 그는 전혀 비난하지 않았다. 그들의 학살을 묵인하면서 더 나아가 그들을 지원하고 이슬람을 평화의 종교라고 칭하도록 요구하였다. 반면에 오늘날 사랑을 베푸는 평화로운 기독교를 비난하면서 '친이슬람·반기독교'

정책을 꾸준히 펼쳤다. 그는 이슬람을 발전시키고 무슬림을 도우려 관심을 쏟으면서 애썼다. 오바마는 무슬림이 나사나 관공서에 들어가도록 독려했다.

트럼프 대통령은 집권기(2017-2020) 동안 오바마가 넘겨준 몰락의 궤도로 내려가는 미국을 다시 구조하기 위해 힘썼다. 오바마의 미국과 미국인 파괴 정책을 철폐시켰다. '크리스마스'를 자랑스럽게 복구하고, 오바마의 해로운 LGBTQ 정책들을 폐지하였다. '미국 군대 성전환 금지' 명령도 내렸다. 성도 생물학적 성별 '남성', '여성'만을 인정했으며, '남성'과 '여성'이라는 생물학적 성별의 기초 위에 교육 정책도 세우고 행하였다. 에너지 생산도 주도하여 미국은 강력한 에너지 독립국으로 비상하고 전시와 비상시를 대비해 거대한 양의 에너지도 비축해 두었다.

트럼프가 전시나 비상시를 대비해 비축해 둔 에너지를 바이든이 타국에 공급 또는 미국에서 쓰고 있는데, 이는 나라에 매우 위험할 수 있다. 비상 에너지는 전시나 비상시를 대비해 항상 비축해 두어야 하기 때문이다. 그런데 바이든은 전시도 아닌데 비상 에너지를 풀어 쓰고 있다.

트럼프는 오바마가 황폐화시킨 미국 군대에도 많은 재정을 투자해 낡은 군대시설을 새롭게 하고, 강력한 군대로 만들었다. 더욱이 '우주군'(Space Army)도 창설해 우주 세계로 나가는 초 군사강국의 문을 열었다.

트럼프가 무슨 잘못을 했는가?

그는 미국을 더욱 강국으로 만들기 위해, 정상의 나라로 만들기 위해, 미국인의 생육과 번성을 활발히 하기 위해, 기독교를 보호하기 위해, 많은 좋은 정책들을 개발하고 시행하였다.

그렇다면 FBI의 습격을 받아도 그럴듯한 대통령은 누구일까?

트럼프에 비호의적인 메타(페이스북)의 인공지능 챗봇(Artificial Intelligence Chatbot)도 2020년 미국 대통령 선거에서 도널드 트럼프가 이겼으며 조 바이든이 사기로 선거를 훔쳤다고 단언했다(GP. 2022.8.10). 애리조나 주지사 공화당 지명인 카리 레이크(Kari Lake)는 분노한다.

"이 비합법적 부패한 정권은 미국을 증오하고 연방정부 전체를 무기화하여 도널드 트럼프 대통령을 끄집어 내린다."

CEO 아담 하데지(Adam Hardage)는 재향군인(veteran, 베터런)이다. 그는 9·11테러 이후 4개 전투에 참여했으며 6번 파견되었다. 그가 2022년 8월 14일 워싱턴 FBI 본부 앞에서 항의시위를 열 것을 요청하면서 동료 베터런들과 미국인들에게 호소한다. "횡포에 대항하여 미국을 방어하는 것"이 현 상황에서 명확한 사명이라고 그는 간곡히 호소하였다.

미국은 오바마 집권 이후 하나님을 거절하고 미국 정신과 전통을 무시하면서 반성서적 동성애와 성전환을 극도로 강행하는 비윤리적 나라로 급변하였다. 비정상으로 돌변한 나라에서, 선한 사람들이 불법적으로 탄압당하는 불의한 사건들이 빈번히 일어난다. 불의가 의를 탄압하고, 거짓이 진실을 누르며, 비진리가 진리로 위장해서 선량한 사람들을 속인다. 오바마로 인해 타락한 미국 사회에서 '비진리와 불의'가 '진리와 의'를 억압하고 '거짓'이 '진실'을 탄압하고 있다. 하나님의 진리를 거짓으로 바꾸었다.

하지만, 진리는 진리고, 비진리는 진리가 아니다. 남자가 자신을 여자라고 선언한다거나, 소위 성전환을 한다고 해서, 결코 생물학적 여자로 변경되지 않는다. 불의는 불의이며 의가 아니다. 그리고 거짓은 사실처럼 위장해도 사실이 되지 않는다. 거짓은 아무리 그럴싸하게 위장하고 포장해도 거짓일 뿐이다. 마치 무가치한 돌멩이나 날카로운 쇳조각을 화사하게 포장해 보석이라고 속이려는 것과 유사하리라.

아무리 화사한 포장지로 겹겹이 포장을 해도, 내용이 무가치한 돌멩이, 날카로운 쇳조각이면, 단지 돌멩이요, 위험한 쇳조각일 뿐이다. 그럴싸한 포장과 위장이 내용물을 변경시키지 않는다. 아무리 그럴듯하게 포장하고 온갖 미사여구(인권, 평등, 차별 금지, 성불안 해소 등)로 위장시켜도, 반자연적 해로운 동성애는 '동성애'이고, 인간을 섣부르게 파괴하는 성전환은 '성전환'이다.

모든 거짓과 허구, 그럴싸한 포장과 위장, 온갖 미사여구, 잘못된 이론과 주장에 절대로 흔들리거나 넘어가지 말자. 우리 모두 진리 위에 굳건히 서서 '하나님 아래 한 나라 미국'을 더욱 사랑하고 수호하자. 미국의 청교도 정신과 성서의 진리를 깊이 존중하고 소중히 지키자.

위기의 늪에 빠진 미국을 구하기 위해 간절히 기도 드리자.
모든 거짓과 불의와 횡포가 물러가게 하소서!
God Save America, One Nation Under God!

제4장

오바마의 성전환 전쟁과 이에 대항하는 반격전

1. 매우 해로운 성전환 즉시 중지해야

미국에서 전쟁이 계속되고 있다.

우크라이나에서 벌어지는 전쟁보다 더 광범위하고 지능적으로 미국을 무너뜨리려는 조용한 전쟁이 장기간 계속되고 있다. 이 전쟁은 조용하다. 하지만, 매우 무섭고 치열하다. 미국의 대통령과 정치가들이 올바른 방향을 완전히 상실한 채, 건강한 개인의 신체를 지속적으로 파괴하고 있다.

벼락 후세인 오바마 집권 8년 동안 강행된 비정상의 성소수자 확산 정책을 바이든이 다시 복구해 시행하고 있다. 인간 행복의 보금자리 '가족'이 전혀 형성되지 못하도록 '성전환'과 '동성애'를 어릴 때부터 세뇌 교육해 부추기는 어이없는 정책으로, 미국과 기독교를 무너뜨리고 있다.

심지어 오바마가 시행한 방식(트럼프는 폐지) 그대로, 전쟁을 대비한 미국 군대까지 성전환, 동성애를 강압한다.

이 무슨 맑은 하늘에 날벼락인가?

천지가 암흑으로 개벽할 사태가 지금 미국에서 바른 판단력을 상실한 정치가들의 사악한 정책들을 통해 공공연히 홍보되며 벌어지고 있다. 희

생물은 순진한 미국인들, 미국 유아들, 어린이들, 청소년들, 미국 군인들, 기독교다.

　미국은 본래 기독교 국가이며 성서를 존중하고 사랑하는 나라 아닌가? 우리 남북한도 미국 선교사들이 전해준 복음을 받아들였으며 대한민국은 복음의 능력으로 크게 성장하였다. 생명력 있는 한국 교계는 반자연적 반과학적 해로운 성전환, 동성애를 무차별 퍼뜨리는 오바마의 소위 '차별금지법'을 막기 위해 지금도 혼신의 힘을 다하고 있다. 참으로 반성서적·반과학적·반의학적 비정상 행위, 몸에 고통을 주며 병들게 하고 칼로 자르는 유해한 시술을 자랑스럽다며 지원한다.
　인간 존재 형성을 봉쇄하는 '동성애', 인간 존재를 마구 파괴하는 '성전환'! 그처럼 나쁜 것을 좋다고 추키고 홍보한다. 에이즈를 감염하는 '동성애'가 자랑스럽단다. 3-5세 유아기 어린이 청소년에게 성전환을 강요한다. 그들은 하나님이 지으신 매우 신비로운 인간생명의 형성, 매우 신기 묘묘한 '남아'와 '여아' 형성과 성별을 대수롭지 않게 여기고 무시한다. 하나님보다도 그들 자신이 인간 존재 형성에 관해 잘 알며, 인간 '성별'에 관해서도 더욱 잘 알고, 더욱 잘 만들 수 있다는 착각과 환상에 빠져있다.

　오바마에 이끌려 환상에 젖은 그들은 몽상가 같은 이야기를 한다. 모태에서 여아로 형성되어 태어날 때 '여아'로 태어난 아기가 사실은 '여아'가 아닌 '남아'라는 공상적인 이야기를 엮어낸다. 그들은 '여아'로 태어난 아기의 생물학적 과학적 증거와 사실을 전혀 부인한다. 그리고 아무런 증거 제시도 없이, 그들 자신의 가상적 주장과 상상력에 이끌려 정상적으로 건강하게 태어난 '여아'에 대해 '잘못된 성'을 지니고 태어났다면서 반과학적 주장을 한다. 즉, '여아'로 태어난 아기를 '남아'로 처리해야 한다면서 허구한 거짓이야기를 엮어낸다. 더 나아가 귀여운 '여아'를 '남아'라는 거짓 성별로 부르도록 다른 사람들에게 강요한다.

그럴 수 있는가?

오바마에 솔깃한 그들은 창조주보다도 자신들이 '남성', '여성'의 성별을 더욱 잘 구분할 수 있다는 지독한 오만과 착각에 빠져있다. 그리하여 3-5세 유아가 잘못된 성별로 태어났으니 성전환으로 올바른 성별을 지니게 해야 한다고 부추긴다. 어이없게도 어린 유아들이 태어날 때 지닌 과학적 성별을 사실로 인정하지 않으면서, 반대 성별을 지녔다는 반과학적 허망한 말을 꾸며낸다. 반 미국 버락 후세인 오바마의 성전환에 물든 그들은 남성, 여성 외에 수십 가지-백 가지 성이 있다는 허황된 주장을 하면서 많은 사람을 미궁의 혼돈으로 빠뜨린다.

인간은 누구나 완전하지 못하다. 그리고 창조주 하나님 외에 누구도 완전성을 지니지 못했다. 사람은 하나님이 아니다. 사람은 피조물이고 불완전한 존재이기에 예로부터 "인간이란 무엇인가?"에 관하여 많은 질문을 제기하여 왔다. 17세기 프랑스의 과학자이며 사상가인 파스칼은 말했다. "인간은 생각하는 갈대이다." 인간은 양면성을 지녔다. 인간이 '생각한다' 는 것은 인간의 위대함을 보여 준다. 반면 인간이 '갈대'라는 것은 인간의 나약함을 보여주며, 나약한 인간은 본능적으로 하나님을 찾게 된다.

청소년기에 여러 질문이 일어나고 깊은 생각에 잠기며 때로 내 자신과 삶의 문제에 대하여 고민하는 것은 자연스러운 모습이다. 잘못된 것이 아니다. 인간은 로봇이 아닌 '생각하는 존재'이기 때문이다. 사람이 깊이 생각하고 명상하고 고민도 하는 것은 인간 본래의 모습이고 자연스럽다. 청소년기에 번민하고 때로 방황하기도 하는 것은 인간 발달 단계에서 자연스러운 모습이다.

그런 자연스러운 현상을 굳이 성(gender)에 결부시켜 성이 잘못되어서 그렇다고 말한다면 얼마나 억지인가?

자유로운 사고력과 상상력을 지닌 인간은 반대 성에 대하여 생각해 볼 수도 있다. 예를 들어 남자가 '나는 여자로 태어났으면 더 좋았을 텐데'라고 생각해 볼 수도 있다. 생각은 자유롭다. 아마 대부분의 남자들은 그런 생각을 안 해도 어떤 남자들은 그처럼 생각해 볼 수 도 있다. 하지만, 그처럼 반대성에 대해 생각해 보는 것이 그 남자가 성 불안증이 있다거나 잘못된 성을 지녔다고 말하는 것은 문제 있다. 그 남자는 이미 출생 시 생물학적 남성으로 엄연히 태어났으며 그것이 과학적 자연적 진리이고 거기에 어떤 잘못도 없다. 창조주 하나님은 그를 '온전한 남성'으로 태어나게 하셨다. 그는 남성이고 여성이 아니다. 이것이 생물학적 과학적 진리다. 그 남자가 자신을 여자라고 상상하든 선언하든 무관하게, 그는 남자이지 여자가 아니다.

오바마가 도를 넘어 성전환을 지원하니까 생애를 정상적으로 잘 살아오던 성인 남자도 어느 날 갑자기 자신을 여자라고 하면서 성전환 시술을 받는다.

변화를 추구하는 심리 때문일까?

홍보와 세뇌에 빠져서일까?

남자로 태어나 긴 세월을 남성으로 잘 살아온 사람이 갑자기 성전환을 한다.

그렇지만 그들이 성전환 시술로 빠져든 결과는 무엇인가?

그것은 '성전환'이 아닌, 전혀 낯선 영역이다. '성전환'이라는 신기루를 따라온 그들은 '성전환'이 아닌 '불모지'에 도착한다.

남성인 그들은 여성이 될 수 있다고 생각했었다. 하지만, 결과는 다르다. 그들은 여성이 될 수 없다! 성전환 시술의 결과는 잔혹하다. 제3의 미지상태에 들어선다. 오바마의 성전환을 통해 여자가 되려 했던 남자들은 그들 의도와는 전혀 다른 불안정한 존재로 변한다. 그들이 원하지 않던 위험 지대로 들어섰다. 자살 충동이 1000배나 강하게 일어나는 위험지대다. 지진이 일어나듯 흔들린다. 난자와 정자의 생성이 불가능한 지대다. 오바마가 추진하는 소위 성전환은 사실은 성전환이 아닌, 제3의 미지 영역, 위태한 지대, 생식 불모지로 들어서는 것이다. 남성도 여성도 아니다. 화산 지대처럼 불안정하다.

그것은 하나님의 인간 창조에 대항하는 대반역이다. 그것은 하나님의 인간창조를 파괴함으로써 미국인을 사멸시키려는 지능적 전쟁이다. 문명이 고도로 발달한 21세기에 미국인을 제거하려는 적이 일으킨 전쟁이다. 미국인을 파괴하는 정책을 세뇌 교육하면서 미국을 함락시키려는 오바마의 전쟁에 휴전이 없다.

미국에 성전환 전쟁을 선포하고 성전환 전쟁을 일으켰다. 트럼프 시대 중단되었지만 바이든 시대 다시 전쟁이 치열하다. 오바마가 임기 중에 성전환, 동성애를 강압한 방식은 상상을 넘어선다.

그야말로 전쟁, 전쟁이다!

일국의 대통령으로서는 도저히 할 수 없는 일을 친이슬람 버락 후세인 오바마가 국내외에 펼쳤다. 그것은 전쟁이다!

그야말로 미국 파괴, 기독교 파괴, 서구와 기독교 국가를 파괴하는 전쟁이다!

그는 전쟁을 일으켰으며 계속 전쟁을 하고 있다. 미국을 몰락시키려 성전환, 동성애 전쟁을 일으켰고 지금은 바이든을 조종해 전쟁이 점점 강렬해진다. 자녀를 사랑하는 학부모들, 참된 지성인들, 애국자들, 기독교인들이 오바마의 전쟁에 맞서 싸운다.

그런데 왜 민주당 지도자들, 많은 교계와 학계 지도자들은 잠잠한가?

왜 민주당 하원의장 낸시 펠로시는 트럼프를 미워하면서 맹인이 되어 오바마의 미국 파괴전술 '성전환', '동성애'를 앞장서 지지하며 따라갔는가?

민주당과 지도자들은 돈과 개인의 이익에 눈이 멀었는가?

돈을 가득 안겨준다면, 또한 높은 지위를 내려 준다면, 유아, 어린이, 군대마저 성전환해도 좋다고 수락하나?

의사들은 돈을 벌기 때문에 양심을 저버리고 성전환 시술을 하는가?

어떻게 3-5살 유아에게 성전환을 말하나?

어떻게 초·중·고등학교에서 부모 승낙 없이 성전환을 유도하나?

어린이의 여린 몸에 약물을 투입해도 되는가?

역작용을 일으키는 호르몬을 계속 투입하고 가슴과 생식기를 잘라도 몸이 견디어 낼까?

적군의 침략에 대비 항시 만반의 전투태세에 있어야 할 군인을 성전환시켜도 되는가?

미국의 정책과 교육이 거센 오류에 휘말려 들었다. 친이슬람 반미국 오바마 집권 8년 동안 사람 몸을 해치고 가정을 파괴하며 미국 국방을 허무는 반미정책이 최초로 치밀하게 고안되어 시행되었으며, 트럼프 시대에 중단되었다가, 오바마가 움직인 바이든 시대에 급속히 복구돼 강행된다.

퇴임 후도 유별나게 워싱턴에 거주하는 오바마 전 대통령은 바이든 현 대통령을 통해 자신이 몹시 집착했던 성전환, 동성애 전략이 바이든 시대에 유치원, 학교, 군대에서 계속 강행되기를 갈망한다. 바이든이 2022년 3월 31일을 '가시적 성전환자의 날'로 선포했는데 오바마를 따라 매우 잘못된 방향으로 나아갔다. 미국을 향한 대 전쟁이 벌어지고 있다. 미국을 함락시키는 전술이 오바마의 성전환, 동성애다. 그는 미국을 무너뜨리는 전쟁을 일으켰고 그 전쟁을 부단히 계속 중이다.

미국을 붕괴시키는 오바마의 성전환 전쟁, 트럼프 시대처럼 멈추라!

미국인을 사멸시키는 오바마의 성전환 전쟁, 즉각 멈추라!

매우 위험한 성전환 즉각 금지하라!

미국은 죽음의 늪 속에 빠져들었으며, 점점 깊이 빠지고 있다. 우리 모두 미국을 붕괴시키는 전술과 정책이 폐지되도록 깨어 감시하자. 죽음의 늪 속에 빠진 미국이 구조되도록 관심을 쏟고 노력하자. 하나님의 창조를 파괴하고 창조에 역행해 인간을 제거하는 성전환, 동성애 정책이 반드시 속히 전부 폐지되어야 하겠다. 악한 정책 폐지이후 좋은 정책이 수립되어 미국이 힘차게 소생하도록 깨어 기도하자.

미국은 건국 이래 유례없는 죽음의 늪 속에 깊이 빠졌다. 민주주의 표상, 민주주의 수호국, 진리와 자유, 인권과 평등, 꿈과 정의와 기회의 땅, '하나님 아래 한 나라 미국!'

우리 모두 미국을 더욱 사랑하자! 우리가 사랑하는 미국이 유해한 정책의 전술을 모두 벗어나 힘차게 생육하고 번성하도록 노력하자. 하나님께 더욱 간절히 기도 드리자.

God Save America, One Nation Under God!

2. 성전환 교육 지침 반대한 초등학교 교사 정직

나는 결코 생물학적 소년(biological boy)이 생물학적 소녀(biological girl)로 될 수 있다고 확언하지 않을 것입니다.

크로스 교사가 열정적으로 반대하였다. 온 힘을 다해 항의하였다. 학교 위원회의 '성전환 교육 지침'에 항거하며 반대하였다. 소년도 '본인이 원한다면 소녀가 될 수 있다'고 가르치라는 지침이다. 그는 그런 거짓을 어린이들에게 절대로 '가르칠 수 없다'고 강력하게 항변하였다.

　미국이 버락 후세인 오바마 8년 동안 '성전환', '동성애'를 세뇌 교육하는 비정상의 나라로 변질되고 추락하였다. 친이슬람 오바마는 미국뿐 아닌 유엔과 세계 80여 국가(주로 기독교 국가)에도 성전환, 동성애를 퍼뜨리며 강요하였다. 한국도 그 영향을 크게 받아 국민의 반대에도 불구하고 퀴어 축제를 열고, 오바마의 소위 '차별 금지법'을 제정하자고 일부 사람들이 지금도 매우 잘못된 움직임을 보이고 있다.

　다른 사람 아닌 버락 후세인 오바마가 '성적지향성'(2012년, 동성애) '성정체성'(2015년, 성전환)을 선언하였다. 그리고 이에 근거해 소위 '차별 금지'를 주장하면서 비정상의 해로운 동성애와 성전환을 정상이고 자랑스러운 것이라 억지로 우기고 끈질기게 퍼뜨렸다.

　역대 대통령들과는 달리, 그는 왜 유별나게도 해로운 성전환, 동성애를 미국인에게 깊숙이 심으려, 끊임없이 발버둥치는가?

　왜 국가의 기초 단위 '가정'을 파괴하는 성전환, 동성애를 깊숙이 뿌리박는데 온힘을 쏟을까?

　그는 유치원 초·중·고등학교에 성소수자를 양성한다. 군대에도 양성한다.

　오바마의 정책들로 미국은 급속도로 타락하고 병들어 갔다. 다행히도 트럼프 대통령은 오바마의 성소수자(LGBTQ) 정책을 철폐시켰다. 교육도 오바마의 성전환을 폐지하고 과학적 생물학적 성별 '남성'과 '여성'의 기초 위에서 교육하도록 명령내렸다. 미국 '군대 성전환금지' 명령도 내렸다. 트럼프 시대(2017-2020)에 미국은 오바마가 사력을 다해 몰아넣은 죽음의 궤도에서 벗어날 수 있었다(『트럼프 대통령의 새 시대와 동성애』 참조).

하지만, 코비드-19 팬데믹 기간에 실시된 대통령 선거에서 투표 시행방법, 투표지, 도미니언 투표기, 소프트웨어, 개표 등 여러 문제들이 발생했다. 트럼프는 미국 역대 대통령 중 최고 득표(7천 4백만여 표)를 받고도 물러나야 했다. 돌연한 바이든 시대가 열리자, 오바마 시대가 살아났다.

트럼프의 '미국 살리기' 교육과 '군대 성전환금지'를 폐하고, 오바마의 '미국 죽이기' 교육과 '군대 성전환'이 다시 강압된다. 반과학적, 성전환, 동성애를 높이는 시대, 유아, 어린이, 청소년, 군대에 성전환을 극도로 강행한 오바마의 미국 파괴 시대가 다시 왔다. 그 하나의 본보기 사건이 일어났다.

북부 버지니아 리스버그 초등학교 체육교사 테너 크로스(Tanner Cross)는 라우던 카운티 공립학교 위원회(2021년 5월 25일)에서 '성전환자 권리와 젠더 확장 학생 정책'에 대해 폭발적 연설로 반격하였다.

"내 이름은 테너 크로스입니다. 나는 성적 불안감(gender dysphoria)으로 고통당하는 그들을 사랑하는 마음에서 외칩니다."

크로스 교사는 성급히 성전환을 결정한 이후, 성전환한 것을 크게 후회하면서 이제 다시 '탈-전환'(de-transitioning)하는 30명을 언급하였다.

"내 의도는 누구를 해하려는 것이 아닙니다. 하지만, 우리가 준비될 때 직면해야 하는 확실한 진리가 있습니다."

그는 위원회를 향해 외친다.

"나는 내 모든 학생을 사랑합니다. 그 결과가 어찌하든, 나는 내 사랑하는 학생들에게 결코 거짓말할 수 없습니다."

크로스 교사의 열변은 이어졌다.

"나는 교사입니다. 그러나 하나님을 첫째로 섬깁니다. 그리고 '생물학적 소년(biological boy)이 소녀(girl)가 될 수 있다'거나 '생물학적 소녀(biological girl)가 소년(boy)이 될 수 있다'라고 확언하지 않을 것입니다. 그것은 거짓이요 내 신앙에 반대되는 것이기 때문입니다. 그것은 어린이에게 거짓말하는 것입니다. 어린이를 학대하는 것입니다. 또한 우리 하나님을 거역해 죄를 짓는 일입니다."

'성전환자 교육 지침'에 반대 소리를 높인 체육교사는 바로 정직되었다. 교사들이 절대로 성전환 교육을 반대하지 말라는 엄중경고의 표시다. 그들의 교육 지침은 교사들에게 요구한다.

"학교 직원은 성확장(gender-expansive) 또는 성전환(transgender) 학생이 그 자신이 선택하는 이름을 사용하도록 허락하며, 또한 어떤 구체적 증거 없이, 그 자신이 선호하는 성 정체성(gender identity)을 반영한 성(gender)을 선언하도록 허락할 것이다."

학교에서 교사는 학적부에 기록된 본래 이름과 생물학적 성별에 무관하게, 학생 자신이 선호하는 '이름'과 '성별'로 부르며, 그에 따라 화장실과 학교시설도 사용하도록 허용하라는 지침이다. 예를 들어, 한 소년이 자신을 소녀라 주장한다면, 그 소년을 소녀로 간주하라는 것이다. 참으로 무질서하고 어처구니없는 지침이다.

어떻게 이런 원칙 없는 혼란스러운 교육 지침을 만들어 교사들에게 그대로 시행할 것을 강압하나?

어떻게 교사에게 거짓을 진실로 말하도록 강요하는가?

이런 말도 안 되는 반과학적 무원칙의 즉흥적이고 일방적인 교육 정책과 지침은 학교 교육에 큰 혼란을 야기하며, 어린이들을 잘못된 길로 유도해 판단력을 흐리게 한다. 올바른 신체적 정신적 성장을 가로막는다. 학교 교육 지침이 어린이를 완전히 거짓의 길로 이끌고 있다. 결국 미국 어린이들을 비정상으로 만들어 육체적 정신적 혼돈으로 몰아넣는다.

모태에서 '남아'나 '여아'로 생성되어 자라고 출생 시에 '남아'나 '여아'로 태어난 과학적 생물학적 진리를 완전 무시하고, 사고력이 아직 발달 되지 않은 어린이의 감정과 느낌에 따라서 소녀가 소년이 되기도 하고, 소년이 소녀가 되기도 한다는 허구의 내용을 가르치라 강요한다.

학교 교육이 어찌 그럴 수 있나?

크로스 교사가 말한 대로 얼마나 거짓된 지침인가?

교육부는 어떻게 이처럼 반과학적, 반생물학적 '거짓된 교육 지침'을 만들어 강압한단 말인가?

교육부의 비이성적 횡포에 교사를 대표하는 보수기관 '자유 수호의 충성'(Allegiance for Defending Freedom)은 교사의 정직이 부당함을 비판하고 크로스 교사를 즉각 복직시키라고 법원에 고소하였다. 이 사건을 담당한 카운티 판사 제임스 플로우먼은 크로스 교사를 즉시 복직시키라고 판결했다. 정말 다행이다. 크로스 교사는 복직되어 사랑하는 아이들이 있는 학교로 다시 돌아왔다. 진리를 위한 선한 싸움을 싸우며 학교로 다시 돌아오는 그의 마음은 조금 설렜다. 먹구름으로 온통 뒤덮였던 컴컴한 하늘에 태양이 다시 얼굴을 내밀면서 밝은 빛이 퍼지는 것 같았다.

하지만, 그게 아니었다. 카운티 학교 측은 판사의 판결에 찬성하지 않는다며 버지니아 대법원에 항소하겠다고 발표하였다. 성전환 교육 지침에 항의하고 반대하는 교사는 그가 누구이든 기필코 학교에서 몰아내겠다는 것이다.

도대체 어떻게 그럴 수 있을까?
왜 그래야만 하는가?
오바마가 미친 듯이 몰아대기 때문일까?

버락 후세인 오바마는 미국 역대 대통령들과는 달리 별나게 '무슬림 이름'을 지녔다. 그리고 미국 대통령이라는 직위를 남용해 그 무슬림 이름에 걸맞게 미국과 기독교를 몰락시키는 정책을 고안해 시행한다. 미국인을 해치는 반과학적 거짓 정책을 만들어 강행한다.

어떻게 과학적 구체적 사실에 근거하지 않은 공상적 교육 지침을 만들어 학교와 교사에게 따를 것을 강압하는가?
어떻게 교사가 그런 지침을 따르지 않는다고 정직시키는가?
여기가 선진국 미국 맞는가?
어떻게 교사들에게 거짓을 가르치라고 강압한단 말인가?

오바마가 이끈 거짓의 세력이 진리와 자유의 나라 미국을 무너뜨리려 수단과 방법을 가리지 않고 안간힘을 쏟는다. 교육계에 반성서적 악한 권력을 휘두르며 엄연한 거짓을 사실로 인정하라고 압박한다. 유해한 거짓을 어린이에게 가르치라고 협박한다. 치열한 싸움이 길어진다. 유치원 초등학교까지 성전환 전쟁을 터뜨린 오바마의 사악한 세력이 그 유해한 전술에 반격을 가하고 진리와 사랑을 열변하는 교사를 몰아내려 눈을 부릅뜬다.

하지만, 거짓은 거짓이고 사실이 아니다!

아무리 변장하고 강요해도 결코 바뀌지 않는다. 교육은 백년지대계다. 학교와 교사들은 해로운 허구가 아닌 올바른 진리를 학생들에게 진지하게 가르쳐야 할 의무가 있다.

크로스 교사의 열변처럼, 사실이 아닌 거짓을 학생들에게 절대로 가르쳐서는 안 된다. 그렇게 가르치지 말아야 한다!

하늘이 무너져도 절대로 거짓을 사실이라고 가르칠 수 없다!

더욱이 인간 존재를 해하는 성전환을 세뇌교육해서는 안 된다. 그것은 기본 상식이다. 사람이 병들고 불구가 되며 가정은 파괴되어 나라가 몰락하기 때문이다.

거짓된 교육 지침 철폐하라!

해로운 성전환 즉각 폐지하라!

미성년자를 성전환자로 만드는 해악한 정책이 반드시 속히 전부 폐기되어야 하겠다.

3. 아칸소주 18세 이하 성전환 금지법 제정

1) 반격이 시작되다

어린 나이에 성전환을 해도 되는가?
대답은 "아니오"다.
소위 '성전환'은 그 단어가 말하듯이 성을 바꿀 수 있어야 한다. 하지만, 실제는 다르다. 성을 바꾸지 못한다. 즉, 성을 전환하지 못한다. 그것이 하나님의 창조법칙이고 자연법칙이다. 신체에 약물을 투입하고 칼로 신체 부분을 자른다고 결코 '생물학적 남자'가 '생물학적 여자'로 바뀌지 않는다.
창조주 하나님 외에 누구도 '남자' 또는 '여자'를 만들 수 없다. 창조주 하나님 외에 누구도 '생명체' 또는 '성'을 만들 수 없다. 유아 어린이 청소년마저 성전환자가 되도록 세뇌하는 오바마와 그에 이끌린 바이든의 '성소수자 정책'은 인간에게 특히 유아 어린이 청소년에게 돌이킬 수 없는 큰 상처와 해를 입힌다. 그야말로 천진난만한 유아 어린이들이 세상을 조금 알기도 전에, 청소년들이 분별력 있는 사고를 할 수 있기도 전에, 그들이 전혀 알지도 못하는, 또한 제대로 이해하지도 못하는, 소위 '성전환'이라는 매우 고통스럽고 극도로 위험한 장애를 덜컥 지워 놓는다. 그것은 반인간적이고 잔악한 짓이다.
이제 막 싹이 트고 자라는 생애를 빛을 가린 컴컴한 동굴로 이끄는 것이요, 수많은 위험이 도사리는 죽음의 골짜기로 던지는 것이다. 그야말로 건강한 몸에 약물을 투입하고 칼로 마구 자르도록 유도하는 악한 정책은 즉각 철폐되어야 한다.

친이슬람·반기독교 오바마의 잔악한 성전환을 보다 못한 아칸소주 의원들은 미국에서 최초로 2021년 4월 '18세 이하 성전환 금지법'을 만들었다. 공화당 지배의 의회와 상원이 오바마-바이든의 '성전환 정책'에 강력한 제동을 걸며 방어전에 돌입했디. 오바마가 미국을 함락시키려 성전환 전쟁을 계속하자 이제 공화당 우세의 주에서 미국을 구조하려는 반격전이 시작되었다.

버락 후세인 오바마!
그는 왜 미국의 유아, 어린이, 청소년, 군대가 고통스러운 성전환 시술 받기를 그토록 간절히 갈망하는가?
그는 왜 미국인이 고통 받는 것을 그다지 좋아하는가?
그는 왜 미국인이 생식기 불구자가 되기를 그토록 간절히 원하는가?

계곡의 물이 흐르다 움푹 파인 곳을 만나면 물은 잠시 주춤하고 웅덩이를 이루어 고이게 된다. 물의 흐름이 잠시 멈춘다.
하지만, 오바마에게는 주춤하거나 멈추는 것이 없다. 미국인들에게 성전환, 동성애를 강요하는데 주저하거나 잠시나마 쉬어가는 법이 없다. 멈출 줄 모르는 폭우처럼 사정없이 미국을 내려친다. 성전환, 동성애로 강타한다. 미국이 고통스러워 쓰러질 때 까지 쉬지 않는다.

바이든은 왜 오바마를 따라갈까?

미국인 바이든은 왜 미국을 허약한 황무지로 만드는 버락 후세인 오바마의 정책을 덩달아 강행할까?
미국의 미래를 볼 수 없는가?
왜 그는 의식이나 판단 없이 오바마의 조종을 당할까?

미국이 성서를 부인하고 성전환, 동성애를 강압하는 나라로 급변해 악명을 날리게 된 것은 오바마 시대부터다. 인간 몸에 약물을 주입하고 몸의 부분을 칼로 자르는 반인륜적 나라로 바뀌었다. 오바마는 성전환을 극도로 주입해 미국인을 불구로 만든다. 그의 성전환이 이르는 도착지는 '난자'와 '정자' 없는 '불모지'다.
미국을 무너뜨리는 전쟁이다!
그는 미국을 향한 전쟁에 성소수자 전술을 사용한다. '하나님 아래 한 나라' 미국을 향해 그는 전쟁을 맹렬히 벌이고 있다.
유아, 어린이, 청소년을 더욱 공격하는 전쟁!
유아, 어린이, 청소년을 불구로 만드는 전쟁!
반역적 전술과 전략으로 미국을 붕괴시키는 대 전쟁을 하고 있다.
친이슬람 오바마가 일으킨 피흘리는 전투다. 그는 '하나님 아래 한 나라' 미국을 무너뜨리기 위해 '성전환 전쟁'을 일으켰다. 건강한 사람의 육체를 마구 파괴한다.
소위 '성전환한다'고 말한다. 하지만, 분명하게 알자. 신체에 약물을 투입하고 신체 일부를 절단해 만들어내는 성(sex or gender)은 없다!
남자가 여자로 성전환 했다고 말한다. 하지만, 사실은 전혀 다르다. 성전환 시술을 해도 남자가 여자로 바뀌지 않는다.

그것이 엄숙한 사실이다!

그런 엄숙한 사실에도 불구하고, 유해하기만한 성전환을 오바마의 백악관이 제정을 지원해 극도로 부추긴다.

도대체 그 이유가 무엇이냐?

오바마가 장려한 성전환을 한 조지아텍 성소수자 대표 학생이 매일 정신붕괴를 겪으면서 지독한 고통을 당했다. 성전환자로 매일 지독한 아픔과 번민 속에 삶을 사는 것은 차라리 죽는 것보다 못했다.

"나는 죽고 싶다 … "

그는 더 이상 살고 싶지 않았다. 매시간 밀려드는 고통과 싸우는 어두움의 속에서 그는 자살 메모를 3장이나 써서 남겼다. 혹독한 고통 속에서 "내게 총을 쏘시오!"라고 외치며 경찰과 대치하다 죽었다.

오바마 정부, 학교 교육, 관련 기관들의 밀물 같은 홍보와 장려로 성급히 성전환을 결정한 청소년들이 크게 후회하고 있다. 그들은 성전환을 직접 해본 후에 다시 '탈전환'하고 있다. 약물 주입으로 육체가 병들고 육체를 자르는 아픔과 고통을 겪었다.

몸에 인위적 약물을 주입하고, 칼로 베어내는 것이 얼마나 하나님의 인간 창조를 부수고 우롱하는 짓인가?

얼마나 반과학적, 반성서적인가?

밝고 건강하게 자라야 할 아이들에게 얼마나 깊숙한 상처를 주는가?

너무 잘못되었다.

즉각 폐지해야 한다!

미국과 미국인을 미워하는 악한 발상에서 비롯된 것이 친이슬람 오바마의 성전환이다. 그는 성전환, 동성애로 미국인을 병들게 하며 미국을 붕괴시키는 전쟁을 하고 있다. 그의 전쟁으로 미국인은 희생된다. 미국인은 병들고 아프다. 그는 미국인을 계속 공격해온다. 전쟁이 점점 거세진다. 마치 거센 회오리바람처럼 사납고 맹렬하게 미국인에게 몰아 붙인다.

미국인은 계속 공격 당해도 가만있기만 할 것인가?
전쟁이 일어났어도 평화 속에 있다고 착각 속에만 빠져 있을 것인가?
미국이 계속 공격 받아도 반격하지 않을 것인가?

미국인이 멍청한 바보로만 구성되진 않았다. 전쟁이 일어났는데 눈감고 있는 사람만 있는 것이 아니다. 전쟁이 일어났는데 평화라고 착각하는 사람만 있는 것이 아니다. 꿀물을 퍼부어 준다고 지위를 높여준다고 그에 만족해 나라를 해치는 적의 전술과 전략에 고스란히 넘어간 우둔자만 있는 것이 아니다. 성전환, 동성애가 미국을 파괴하는 전쟁임을 알아챈 이들이 있다. 이제 그들은 미국을 구조하기 위한 반격전에 돌입했다. 반격전이 시작되었다.

반격전이다!
계속 처들어오는 공격을 방어하고 이기려는 반격전이다. 공격만 당하고 있을 수 없다!
공화당이 다수인 아칸소주 의회가 미국 주에서 최초로 성전환 전쟁에 반격전을 개시했다!

2021년 4월 6일 의사가 18세 이하 미성년자에게 성전환을 금지하는 법을 제정하였다.

첫째, 성전환 호르몬 치료법 금지
둘째, 사춘기 차단제(puberty blockers) 금지
셋째, 성전환 수술 금지

공화당 주도의 아칸소주 의회 의원들은 미성년자를 죽음의 덫에서 구하고 살리는 법을 만들었다. 계속되는 전쟁이다. 전쟁 중 공격을 받고 얼마나 많은 사람들이 쓰러졌을까 … 전쟁 중 '죽음의 덫'에 걸려 얼마나 많은 유아 어린이 청소년이 큰 고통을 당하며 자살충동을 느끼면서 우울증에 시달리고 있을까 …

성전환자의 자살 충동률은 정상인의 1,000배, 수술 후도 100배 높다고 알려졌다. 성전환자의 41퍼센트가 자살을 시도했다는 글도 있다. 그런데도 벼락 후세인 오바마는 미국의 미성년자와 군인에게 성전환을 강압한다. 미국을 기필코 붕괴시키겠다는 것이다. 미국을 몰락시키려는 오바마의 성전환 전쟁이 치열하다. 미국인을 성전환자로 만들어 마비시키고 함락시키는 전쟁이다!

그는 미국을 증오한다. 미국인은 그의 악한 전술로 육체가 예측불허로 변질되며 병들어 간다. 지능적으로 공격하는 전술에 대항해 아칸소가 앞장서 '18세 이하 성전환금지법'으로 방어전을 펼쳤다. 거센 반격전이 시작된다. 당연히 오바마가 퍼부어대는 공격에 맞서는 강한 반격전들이 쏟

아져야 한다.

　미국을 무너뜨리려는 세력은 지능적이고 매우 무자비하다, 우리가 생각하는 것보다도 훨씬 교활하게 지능적이고 무자비하다. 그럼에도 어이없는 일이 생겼다. 기독교 국가 미국을 무너뜨리는 공격과 반격이 터지는 전쟁터에서 어디로 가야할지를 모르고 헤매며 적군의 진지로 들어가는 용사가 있다. 사막에서 신기루를 보고 환상에 젖어 따라가듯이 잘못된 곳으로 들어간다. 허상 속으로 빠져든다. 적군의 기지가 아군의 기지처럼 보이기 때문이다.

　아칸소주가 '18세 이하 성전환 금지법'으로 방어전을 펼치자, 의외로 미국소아과학회(American Academy of Pediatrics), 여러 의료그룹, 아동복지그룹이 주의 반격전에 힘을 더해주지 않는다. 그들은 미국 미성년자들을 적의 공격으로부터 구조하는 일에 찬성하지 않는다. 이 나라에서 무언가 심각히 잘못 돌아가고 있다. 소위 지성인, 전문가 그룹이 악을 악으로 전쟁을 전쟁으로 보지 못한다. 멀리 바라보지 못하는 희미한 시야를 지녀서 미국인을 해치는 성전환을 사실 그대로 직시하거나 알아채지 못한다. 처절한 비극이다. 적이 그럴듯하게 그려놓은 신기루를 따라가면서 적의 기지로 들어가 미국을 붕괴시키는 일에 가세한다. 오바마의 교활한 전술에 잘도 속아넘어가 미국인을 제거하는 적군의 전술과 작전을 지지하며 함께 참여하고 있다.

　왜 그럴까?

　왜 그들은 미국인을 불구로 만들어 제거하는 적의 교활한 전술에 넘어갈까?

속임수에 주로 넘어가는 이유는 적군이 친구처럼 가장하고 다가오거나 동정심 가득한 여인처럼 위장하고 나오기 때문이다. 사탄이 천사로 가장하고 나타난다. 공격을 가하는 적군이 친구처럼 그럴듯하게 옷을 위장하고 나타난다. '평등', '인권', '포용성', '다양성', '성불안감 해소' 등 좋은 표현들로 치장하여 민주적이고 동정심 있으며 정의로운 척하면서 거짓 위장과 분장으로 나타나 미국인을 속이기 때문이다.

그럴듯한 치장과 분장에 넘어간 로버트 박사(시카고 어린이병원)는 인권캠페인(Human Right Campaign)이 주최한 기자회견에서 아칸소주의 성전환 금지법을 비판했다.

"이 법은 계속 성전환 청소년들에게 해롭다. 이 법을 만든 자들은 단지 반-성전환(anti-trans)이 아니다. 그들은 반-과학(Anti-Science)이다. 그들은 반-공중 건강(anti-public health)이다."

그는 적이 그려놓은 신기루를 따라가고 있다. 신기루를 따라가면 거기에 정말 어떤 실체가 있다는 착각에 빠져 있다. 그럴듯한 치장과 분장에 넘어간 그의 주장은 억지다.

그의 말대로 성전환이 과학인가?

절대로 아니다!

태어날 때 분명하게 주어진 천부적, 과학적, 생물학적 성을 전혀 무시한 소위 성전환은 절대로 반과학, 반의학, 반인간이다. 실체가 없는 허상이요 신기루다. 인간의 몸에 해로운 약물을 주입하고 가슴과 성기를 배어내 불구자로 만드는 소위 성전환이야말로 반공중 건강이요 반과학이다. 오바마가 세뇌하는 성전환의 도착지는 성전환이 아닌 '생식 불모지'다. 그가 그려놓은 신기루를 따라갔더니 실체는 없고 거친 불모지에 이르렀다. 신기루는 사라졌다.
  소위 성전환을 해도 결코 소년이 소녀로 되지 않는다.
  이것이 엄연한 사실이다!
  그러므로 오바마가 그토록 퍼뜨리는 성전환은 '거짓'이다. '생물학적 남성'(성전환 여성) 과 '생물학적 여성'(본래의 여성)은 같지 않다. 서로 상이한 '생물학적 남성'(성전환 여성) 과 '생물학적 여성'(본래의 여성)을 같다고 선언하는 정책이야 말로 엄연한 반과학이고 반공중 건강이며 거짓이다. 아칸소주 법안을 지지하는 이들은 의료그룹의 반대를 무시한다. 공화당 위원 로빈(Robin)은 말했다,
  "그처럼 중대한 결정을 하려면 18세가 되는 것이 필요합니다."

  보수그룹가족회의(Family Council)는 주의원들의 '역사적 법률 제정'(historic legislation)을 높이 평가하였다. 미국시민자유연합(American Civil Liberties Union, 게이결혼케이크 제작을 거부한 콜로라도 잭 필립스를 앞장서 고소한 단체)은 이 금지법이 시행되지 못하도록 도전하고 있다.
  ACLU의 홀리(Holly)가 말했다. "이날은 아칸소에 슬픈 날이다. 그러나 끝나지 않았다. 우리는 장기적으로 다툴 것이다."
  은은하게 차려입은 적의 분장과 치장에 넘어간 이 단체는 정말로 잘못 판단하고 있다. 사실은 이날이야말로 아칸소에 매우 '기쁜 날'이다. 성전환 전쟁으로 무너지는 '미국을 살리는 날'이기 때문이다. 아칸소주지사 허친슨(Hutchinson)은 또 성전환 여성(생물학적 남성)이 경기에서 소녀와의 경쟁을 금지하는 법에 서명하였다. 테네시주와 미시시피주도 2021년에 동일한 법을 발효시켰다.

또한, 주지사는 도덕적, 신앙적 반대 이유로 의사가 어떤 이에 대한 치료를 거절할 수 있는 법안에 서명하였다. 다시 말해, 의사들은 신앙과 양심에 따라 성전환 시술을 하지 않겠다고 거절할 수 있다. 이것은 2010년 오바마 정부에서 의사들이 의무적으로 성전환 치료를 해야 하도록 만든 법을 차단시킨 것으로, 의사의 양심과 자유를 허락하는 법이다.

의회에서 같은 날 일찍 발전시킨 법안은 학교가 교사에게 '학생이 선호하는 명칭으로 학생을 부르도록 요구한 것'을 금지한 법이다. 아칸소주가 '성전환 완전폐지법'을 만들지는 못했다. 그럼에도 '18세 이하 성전환금지법'의 제정은 유아 어린이 청소년을 '죽음의 덫'에 걸리지 않도록 방어한 소중한 법이다.

미국을 무너뜨리는 성전환 전쟁에 대항해 최초로 강한 반격전을 터뜨렸다. 여기에 중대한 의미가 있다. 이 금지법이 미국 전체에 오바마의 성전환 전쟁을 패배시킬 신호탄이 되기를 바란다. 다른 주들도 아칸소처럼 성전환 격퇴의 반격전을 가해 미국을 구조하기를 기도 드린다.

2) 충돌하는 전쟁

오바마가 일으킨 성전환 전쟁이 계속된다. 소낙비가 쏟아지듯이 공격을 퍼부어 댄다. 광풍이 휘몰아치듯 착한 사람을 몰아치며 주변을 온통 폐허로 만든다. 아칸소주가 전쟁에서 반격전을 개시했다. 아칸소에서 최초로 '미성년자 성전환금지법'을 제정하자 주민들은 성전환이 유아, 어린이, 청소년을 더 이상 해치지 못할 것이라는 희망과 기대를 지녔다.

하지만, 원통한 일이 터졌다. 선량하게 변장한 적의 정체를 알아채지 못한 판사가 주의 반격전에 제동을 걸었다. 그는 오히려 미국을 함락시키는 적의 전술에 합세하였다. 2023년 6월 20일 지방판사가 아칸소주 '18세 이하 성전환 금지법'을 무너뜨렸다. 오바마가 임명한 급진적 판사 제이 무디(Jay Moody)는 성전환 전쟁을 패배시킬 신호탄 아칸소주 미성년자 성전환 금지법에 '영구금지명령'(permanent injunction)을 내렸다.

올바른 판단으로 미성년자를 끔찍한 '죽음의 덫'에서 구하려 몸부림친 아칸소주 공화당이 주도한 반격전이 판사로 인해 좌절된다. 우아하고 고상한 적의 치장과 분장에 넘어가 적의 정체를 알아채지 못한 판사에 의해 방해 당한다.

어찌 이럴 수 있을까?
하지만, 반격전은 개시되었다!
미국을 함락시키는 악에 대항해 치열해지는 싸움은 이제 시작일 뿐이다. 악은 폐하고 선은 반드시 승리하리라!

정의와 생명을 구현해야 하는 법원의 판사가 밝은 시야로 성전환을 원천적으로 검토해 올바른 판결을 내려야 했건만, 그릇된 판결을 내린다. 생명을 병들게 하고 제거하는 판결을 내린다. 오바마 시대에 '게이 결혼 케이크'를 반드시 만들라고 부당한 판결을 내린 판사처럼 한다.

콜로라도의 '명작제과점'(masterpiece Cakeshop) 주인 잭 필립스(J. Phillips)가 '동성 결혼 케이크' 제작을 거부했다. 그러자 오바마에 치우친 스펜서(R. Spencer) 판사는 반드시 게이 결혼 케이크를 만들어야 한다는 부당한 판결을 내렸다. 아칸소의 무디 판사가 유아 어린이 청소년도 성전환하라고 부당한 판결을 내린다.

 판사의 강압적 판결에도 불구하고, '게이 결혼 케이크' 제작을 끝까지 거부한 필립스! 그는 미국 연방 대법원에 상고해 트럼프 백악관의 지원을 받으면서 대법원에서 7:2의 압도적 승리를 거두었다. 오바마 시대가 가고 트럼프 시대가 오자 '동성 결혼 케이크'를 거부한 그가 압도적 승리를 거두었다(『트럼프 대통령의 새 시대와 동성애』 참조).

 성전환이 아이들에게 돌이킬 수 없는 치명적 해를 끼침에도 불구하고, 오바마에 치우친 아칸소 무디 판사가 주의 '18세 이하 성전환금지법'을 막는 잘못된 판결을 내린다. 판사는 오바마가 그려놓은 신기루를 따라갔다. 판사는 거칠고 황량한 불모지로 미성년자를 몰아가는 잘못된 판결을 내렸다.

 유아, 어린이, 청소년에게 성전환을 허락하라는 판결!

 그러나 사실을 말하자면 성전환이란 실체 없는 허상이다. 그것은 신기루다. 가까이 가보면 성전환이 아닌 '불모지'다. 사막에 오아시스처럼 보이는 신기루가 있듯이 성전환처럼 보이는 신기루가 있을 뿐이다.

 "아이들이 보호되어야 합니다."

 성전환금지법을 이끈 공화당의 로빈 룬드스트럼(Robin Lundstrum) 의원이 매우 안타깝고 원통해하며 말했다(GP. 2023.6.20).

 무디 판사는 아칸소주의 금지법이 적법절차를 따르지 않았고 청소년 성전환자와 가족의 동등한 권리를 위반했다고 판결했다. 또 아칸소주의 법은 환자를 다른 곳에 추천하지 못하게 함으로써 의료인의 첫 번째 수정안

권리를 위반했다고 했다. 그렇지만 안타깝게도 진정한 문제의 핵심은 거론하지 않았다. 그는 오바마의 성전환이 얼마나 섣부르고 거짓되며 위태로운지에 관해 정직하게 자세히 검토하고 공정하게 판결했어야만 했다.

아칸소주가 왜 18세 이하 미성년자에게 성전환을 금지시킬까?
검증되지 않은 소위 성전환이 유아 어린이 청소년에게 얼마나 해롭고 큰 고통을 주고 있는가?
가족들이 그로 인해 얼마나 큰 피해를 당하고 있을까?
왜 성급히 성전환 시술을 했던 청소년들이 후회하면서 탈전환하고 있을까?

오바마-바이든 정부의 성전환 정책에 따른 학교에서의 성전환 교육, 관련기관들의 인터넷 홍보, 상담자, 의사 등 주변 사람의 설득과 유혹에 넘어가 성급히 결단했던 많은 청소년들이 성전환을 후회하면서 다시 탈전환하고 있다!

그들은 주위에서 부추기는 성전환이 처음에는 좋은 것으로 생각하게 되었다. 설마 나쁘고 해로운 것을 학교에서 교육할까 … 그들은 오바마 정부와 학교를 믿었다.

하지만, 청소년들이 그 성전환을 실제로 해보니 고통스럽고 더욱 불안정하다. 더욱 불편하다. 오바마 정부와 정부의 지시를 받은 학교와 기관들은 미국의 미성년자들을 생식기 불구로 만든다. '믿는 도끼에 발등 찍힌다' 는 속담이 있다. 미국의 민주당 오바마-바이든 정부와 이를 추종하는 민주당과 많은 주들이 미성년자들을 피 흘리게 하고 있다. 원숭이에게 성전환 전 임상시험 하듯이 미성년자들을 대상으로 임상시험 하면서 불구로 만들고 있다.

충격적인 사실이 있다. 성전환자의 자살 충동률은 정상인보다 1,000배 높고 수술 후도 100배 높다고 한다.

이것만으로도 성전환의 문제점이 매우 심각함을 알 수 있지 않은가? 그냥 웃어넘길 문제가 아니다. 그냥 말하고 넘길 수 있는 문제도 아니다. 그런 충격적으로 해로운 성전환을 홍보하고 지원하며 정책화하는 것은 틀렸다.

큰 오류다!

어떻게 자살하고 싶은 마음을 1,000 배나 불러일으키는 그런 섣부른 성전환을 국가 정책으로 세워 경제적으로 지원하며 학교와 기관들에 강요한단 말인가?

잘못되어도 너무 잘못되었다. 판사는 이런 문제점들을 포함해 소위 성전환의 실패와 거짓을 신중히 검토한 이후 판결을 내렸어야만 했다.

매우 엄중한 사실을 다시금 강조하자. 소위, 성전환이라는 시술은 결코 성전환을 하지 못한다. 생식기 불구로 만든다. 소위 성전환이 도달하는 목표지는 '생식 불모지'다. 남성도 여성도 아니다. 정자나 난자가 없는 '제3의 존재'로 변하여 인위적 호르몬 투입에 의존해 불안한 삶을 살아야 하는 가여운 존재로 된다. 하나님의 창조 법칙대로 자연스럽게 맘껏 성장하지 못하고 불완전한 시술에 의존해 억지로 버티어 나가야하는 위태로운 존재다.

섣부른 성전환 자체에 여러 중대한 문제들이 발생함에도 불구하고, 판사는 버락 후세인 오바마의 정책에 기울어 옳지 않은 판결을 내렸다. 오바마-바이든 정부가 인간 존재 그 자체를 해칠 때, 유별나게도 유아 어린이 청소년을 겨누어 잔인하게 신체를 파괴할 때(이런 것은 국가에서 도저히 일어날 수 없는 극도의 반역이고 악이다), 독립적인 사법부 판사들이 올바른 판결을 내려 행정부의 사악한 정책을 중단시키고, 미성년자와 국민을 보호해야만 했었다. 그러나 타협적이고 근시안적 판사들은 잘못 나가는 행정부를 견제하는 역할을 제대로 하지 못했다. 사법부가 마땅히 해야 할 '생명과 정의'를 구현하지 못하면서 오바마의 잘못된 길을 함께 따라가고 있다.

사법부 판사들이 '법의 근본정신'을 상실했다. 법의 근본정신은 '진리와 정의 구현', '선의 구현', '인간 생명 존중', '인간 존재 보호'가 우선이기 때문이다. 인간 존재 그 자체를 병들게 하고 제거하는 성전환을 집요하게 정책으로 밀어붙인 친이슬람 반미국 버락 후세인 오바마의 위장된 치장과 전술에 눈이 멀었다. 눈이 먼 그들은 오바마의 해로운 성전환이 미성년자를 공격하도록 허락하는 판결을 내린다.

다른 사람 아닌 오바마가 2012년 '성적지향성'(동성애), 2015년 '성 정체성'(성전환)을 선언하여, 동성애 성전환을 아무 문제없는 양, 정상적 행위로 주장하면서, 보편적 인종 문제와 동등한 수준에서 처리해 차별하지 못하도록 만들었다. 에이즈를 감염하고 인간 멸종을 가져오는 동성애, 인간 존재를 병들게 하고 제거하는 성전환을 정상이고 전혀 문제가 없다는 거짓 선언을 하였다. 친이슬람 반기독교 오바마는 해로운 성전환, 동성애를 더욱 예쁘장하게 치장하고 분장시켰다. 주관적이고 선택적인 유해한 '성전환', '동성애'를 보편적이고 일반적인 무해한 '인종' 문제처럼 꾸미고 위장시켰다.

 결국, 다른 사람 아닌 오바마의 2012년 '성적지향성', 2015년 '성 정체성' 선언은 '동성애', '성전환'을 '인종' 문제처럼 위장시켜 차별 못하게 만드는 법적 근거를 제공한다. 성전환도 인종처럼 보편적이므로 차별 말아야 한다고 거짓 선언을 하였다.

 '인종' 차별이나 '남성'과 '여성'을 차별하지 말아야 한다는 것은 맞다. 하지만, 개인이 결정하는 성전환(성 정체성), 동성애(성적지향성)를 차별하지 말라는 것은 틀린다. 보편적 '인종', '남성', '여성'은 주관적 '성전환', '동성애'와는 전혀 다른 범주기 때문이다. 더 나아가 소위 성전환 시술은 성전환을 하지 못한다. 결과적으로 예측불허의 위험하고 불완전 상태로 이끌어 간다.

 다시 말해, 소위 '성전환 남성'(생물학적 여성)은 자연적 '남성'(생물학적 남성)이 되지 못한다. 그러므로 자연적 '남성'과 똑같이 다루지 말아야 한다. 또는 소위 '성전환 여성'(생물학적 남성)은 자연적 여성'(생물학적 여성)이 되지 못한다. 그러므로 자연적 '여성'과 똑같이 다루면 안 된다. 여성이 남성도 될 수 있고 또한 남성이 여성도 될 수 있다는 반과학(반생물학)을 정책화한 오바마에게 그가 퍼뜨린 반과학적 거짓에 대한 책임을 물어야 한다.

 어떻게 거짓을 국가 정책으로 세워 강압하고 세뇌 교육한단 말인가?

 오바마가 극도로 지원한 소위 성전환은 오늘날 한계에 도달했다. 더 이상 갈 곳이 없다. 신기루는 사라졌다.

 간단히 말해, "소위 성전환은 거짓이다."

'성전환 남성'과 '성전환 여성'은 '본래 남성'과 '본래 여성'으로부터 구별되어야 한다. 서로 완전히 다르기 때문이다. '성전환 남성', '성전환 여성'은 '본래 남성', '본래 여성'과는 다른 범주로 구분해야 한다. 그들을 다르게 처리하고, 다르게 대우해야 한다.

이미 드러난 사실에도 불구하고, 상이한 '성전환 여성'(생물학적 남성, 본래 남성)과 '본래 여성'(생물학적 여성, 자연적 여성)을 똑같이 처리하는 오바마-바이든 정부의 잘못된 정책으로 인해, 많은 혼란과 갈등과 불평등이 일어난다. 문제가 계속 발생한다. 여성 목욕탕에 남성 성기를 지닌 '성전환 여성'이 들어가 물의를 일으킨다. 학교에서도 여학생 라커룸에 남성 성기를 지닌 '성전환 여성'이 들어가 여학생들을 두렵고 놀라게 만든다.

스포츠에도 소위 '생물학적 남성'이 여성 경기에 참석해 여성들을 제압하는 불공평한 사태로 물의를 일으킨다. 심지어 세계 '여성의 미'를 상징하는 미스 유니버스 대회도 '생물학적 남성'이 출전해 많은 혼란이 인다. 순수한 '여성의 미'가 아닌 '생물학적 남성'이 출전한 미스 유니버스 대회가 열린다.

생물학적 남성이 어떻게 여성의 미를 대표한단 말인가?

이처럼 매우 잘못된 시행과 문제점이 확연히 드러남에도 불구하고, 소위 '성전환 여성'과 '본래 여성'을 똑같이 여기는 오바마-바이든 정부의 틀린 정책으로 학교와 국가사회와 국제사회에 엄청난 무질서와 혼란이 일어나고 있다. 올바른 질서를 깨뜨린다. 거짓을 공식화해 자연질서와 인류질서를 파괴하고 있다. 생물학과 과학을 파괴하고 있다. 하나님의 인간 창조를 부수고 있다.

미국은 친이슬람 반미국 오바마에 의해 변했다. 유엔과 세계도 친이슬람 오바마로 인해 그처럼 바뀌었다. 오바마의 강압으로 미국이 잘못된 방향으로 나가자 유엔도 세계도 오바마의 강압으로 덩달아 성전환을 수용하면서 생명을 파괴하는 반과학적 모습을 보인다. 극도로 잘못된 나라가 21세기 미국이다. 미국의 미래인 유아, 어린이, 청소년에게 성전환을 세뇌 교육하고, 국방에 총집중해야 할 군인에게 성전환을 강압한다. 오바마로부터 발단이 되고 그의 집권 8년 동안 집요하게 밀어붙인 정책들로 인해 '성전환', '동성애'가 미국에 엄청난 속도로 번졌다. 유행처럼 번졌다. 그의 고도의 치밀한 기획으로, 유엔과 서구, 한국과 세계국가들(주로 기독교 국가들)에도 '성전환', '동성애'가 빠르게 퍼졌다. 기독교 국가 미국과 기독교적 서구와 기독교 국가들을 몰락시키려는 그의 교활한 전술이 어느 정도 성공의 가도로 달려가는 듯하다.

창조주가 지으신 신비로운 신체를 파손하는 소위 '성전환'-상부 수술(Top surgery, 여성 가슴 제거 수술)과 하부 수술(Bottom Surgery, 남·여 생식기 제거 수술)로 신체를 학대하는 성전환, 그것은 인간이기를 포기한 자들이 할 수 있는 21세기의 지능적이고 잔악한 '인간 파괴'다. 그처럼 잔악한 정책을 중단히고 유아, 어린이, 청소년을 오바마의 '성전환 전쟁'에서 방어하려 한 아칸소주 '18세 이하 성전환금지법'이 오바마의 판사에 의해 좌절됐다. 아칸소는 미국 제8순회법원에 항소할 것 같다.

그런데 아칸소주에 '성전환금지법'에 대한 희망이 여전히 있다. 현재 아칸소주지사 사라 허커비 샌더스(Sarah Huckabee Sanders, 공화당)가 2023년 3월에 사인한 아칸소 '성전환 금지법'이 이번 여름에 효력을 발생한다(폴리티코, 2023.6.20.).

아칸소주에 이어 미성년자에게 성전환을 금지하는 법이 다른 주들에서도 제정되었다. 하지만, 갈 곳을 모르고 헤매는 사법부 판사들이 앨라배마와 인디아나 법을 일시 차단했다. 어두움 속에서 방향감각을 상실한 판사는 강력한 플로리다 '미성년자 성전환금지법'도 차단했다.

21세기 선과 악의 싸움이 맹렬하다. 미성년자를 오바마의 성전환 전쟁에서 지키려는 공화당이 우세한 주들의 반격전이 거세진다. 성전환 금지법을 선포한다. 그러자 이를 막으려는 민주당, 좌파 기관과 판사들의 재공격이 가해진다. 당연한 '미성년자 성전환금지법'을 차단시킨다.

거짓과 진실의 싸움! 하나님이 지으신 신비스러운 인체를 보호하려는 선한 진영과 하나님이 지으신 신비스러운 인체를 섣부르게 파괴하려는 악한 진영의 싸움이 불꽃 튀면서 격돌한다. 21세기에 대 전투가 점점 더 맹렬해진다.

"지금 그대는 어느 편에 서 있는가?"
하나님의 인간창조를 파괴하는 거짓의 편인가?
하나님의 인간창조를 보호하는 진리의 편인가?

무서운 공격이 계속되고 있다. 조금도 쉴 틈이 없다. 신기루를 따라가며 방향을 잃은 자들과 적의 세력들이 합세하여 순진무구한 유아 어린이 청소년에게 엄청난 공격을 퍼붓는다. 아이들의 삶을 파괴하려 끈질긴 공격을 퍼부어댄다. 이제 시간이 없다. 그들은 미국의 모든 아이를 불구로 만들 때까지 쉬지 않고 공격할 것이다. 이미 전쟁을 강화할 적군의 진지를 학교와 기관과 사회 속에 마련해 놓았다. 민주당이 집권한 주에 튼튼히 구축해 두었다. 그들은 미국을 향해 계속 전쟁한다.

시간이 없다. 우리 모두 힘을 다해 싸워야 한다!
미국을 암흑과 죄로 몰아넣는 무질서와 혼란을 몰아내기 위해 쟁투해야 한다!
그들이 유독 공격하는 유아, 어린이, 청소년을 방어하기 위해 싸워야 한다!

거짓된 성전환이 계속 사람을 파괴하고 부수지 않도록 방어해야 한다. 유아 어린이 청소년이 오바마의 '죽음의 덫'에 걸려 고통을 당하고 암흑으로 떨어지지 않도록 강력한 반격전을 펼쳐야 한다!
오바마가 일으킨 성전환 전쟁에 맞서 강력한 반격전과 대공격전을 펼쳐 반드시 패배시켜야 한다.
이 치열한 전쟁에서 공화당이 이끄는 조지아 주와 테네시 주에는 미성년자 성전환금지법이 2023년 1분기부터 시행되고 있다(US 뉴스, 2023.6.21). 현재까지 오바마의 성전환 전쟁에 맞서 반격전으로 미국 전체 50개 주 가운데 18개 주에서 미성년자 성전환을 금지했다(폴리티코, 2023.6.20.). 그 목록은 다음과 같다.

아칸소(Ark ansas), 플로리다(Florida), 조지아(Georgia), 아이다호(Idaho), 인디애나(Indiana), 아이오와(Iowa), 켄터키(Kentucky), 미시시피(Mississippi), 미주리(Missouri), 몬타나(Montana), 네브라스카(Nebraska), 노스 다코타(North Dakota), 오클라호마(Oklahoma), 사우스 다코다(South Dakota), 테네시(Tennessee), 텍사스(Texas), 유타(Utah), 웨스트 버지니아(West Virginia).

제5장

하나님이 지으신 오묘한 성

1. 얼마나 많은 성이 있는가?

얼마나 많은 성이 있는가?
벼락 후세인 오바마와 추진자들은 얼마나 많은 성이 있다고 주장할까?
그들의 주장은 타당성이 있는가?
아니면 순전히 잘못된 허구의 주장들일까?
그들이 주장하는 "수십 가지 성 또는 100여 가지 성(gender)이 있다"라는 것이 공상인가?
아니면 사실일까?
그런 주장들이 사실일 가능성이 있는가?
아니면 전혀 사실일 가능성이 없는가?
그런 주장들을 근거로 성전환을 시행하며 건강한 인간 신체에 해를 가해도 되는가?
아니면, 주장들이 오류이므로 모든 성전환 행위가 일체 중단되어야 할까?

성전환과 동성애가 미국과 서구, 한국과 세계 나라들에 갑자기 심하게 확산된 이유는 버락 후세인 오바마의 어두운 욕망이 발단이다(『미국이 운다! 동성애』, 『트럼프 대통령의 새 시대와 동성애』 참조). 그는 역대 대통령 중 유일하게 퇴임 후에도 워싱턴에 거주하면서, 바이든을 움직이고 있다.

다른 역대 대통령들과는 달리 왜 그는 퇴임 후도 워싱턴에 계속 머무는가?

왜 백악관을 계속 움직이고 있는가?

오바마(친이슬람·반기독교)는 유별스럽게 일국의 대통령으로서는 도저히 할 수 없는 일, 즉 성전환과 동성애를 온 힘을 다해 급속도로 퍼뜨렸다. 하지만, 생각해보라.

어느 나라 대통령이 자국민을 성전환자와 동성애자로 만드는 일에 오바마처럼 심혈을 쏟겠는가?

국가의 원동력 인구가 감소하고 가정이 파괴되며, 국민 생활이 비정상이 되는데, 대통령이 성소수자(LGBTQ) 양성정책에 발 벗고 나설 수 있겠는가?

어느 어리석은 대통령이 자국의 국민을 향해 해로운 성전환과 동성애를 교육하며 세뇌하겠는가?

오직 국가와 국민을 증오하는 대통령이라야 성전환, 동성애를 조금이라도 부추길 수 있다. 국가와 국민을 아주 조금이라도 사랑하는 대통령은 국민의 가정과 건강을 지키고 국가가 번영하여 왕성 하기를 바라기 때문에, 인간을 해치는 유해한 성전환과 동성애를 절대로 부추기지 않는다.

가정이 파괴되고 신체가 병드는데, 어느 어리석은 대통령이 자기 국민에게 사람 신체를 파괴하는 성전환, 사람 생명을 마감하는 동성애를 부추기겠는가?

그런데 미국 제44대 대통령 버락 후세인 오바마가 그렇게 했다. 그의 임기 8년 동안 심혈을 기울여 밀어붙였다. 참으로 수상한 일이다. 그는 지나치게 성전환과 동성애를 기독교 국가 미국에 확고히 심으려 사력을 쏟았다. 더 나아가 유엔과 한국, 서구, 세계 기독교 국가들에 정책적으로 맹렬하게 밀어붙였다.

다른 사람 아닌 오바마가 '성적지향성'(sexual orientation, 2012)과 '성 정체성'(gender identity, 2015)을 선언해, 비정상의 동성애(성적지향성)와 성전환(성 정체성)을 강력히 두둔하고 정상으로 간주하도록 만들었다.

얼마나 많은 성(gender)이 있는가?

얼마나 많은 성이 있다고 그들은 가르치고 홍보하는가?

우리는 '남성'(male)과 '여성'(female) 두 가지의 성이 있음을 잘 알고 있다.

그렇다면 남성, 여성 외에 다른 성이 정말로 있다는 말인가?

만일 있다면 어떻게 그것을 알 수 있는가?

그들이 주장하는 남성 여성 아닌 다른 성들(genders)이 정말로 있는 것일까?

아니면, 상상력이나 느낌의 표현이요 허구의 산물일까?

다시 강조하건대, 미국에서 '성전환', '동성애', '성소수자'(LGBTQ)가 정책화되어 홍보되고 교육된 원인은 친이슬람 반기독교 버락 후세인 오바마의 어두운 욕망으로 인해서다. 그는 성전환, 동성애 확산에 여러 방법을 동원해 재정을 넘치도록 투입하였다. 국내외적으로 성소수자를 옹호하는 단체와 기관들을 조성하고 많은 연구비도 지원해(연구의 타당성에 관계없이) 대학에 마저 조성되도록 조직적이고 기획적으로 치밀하게 밀어붙였다.

미국뿐 아닌 유엔, 서구, 한국, 세계 나라들, 주로 기독교 국가들에 초강국 미국 대통령이라는 지위를 남용해 버락 후세인 오바마는 8년 동안 성전환, 동성애를 강압적으로 확산시켰다. 오바마가 8년 동안 사력을 다해 미국, 유엔, 서구와 한국, 세계 국가들에 성전환, 동성애를 급속히 확산시켰다. 하지만, 트럼프는 가정을 파괴하고 인구를 삭감시키는 오바마의 성전환, 동성애 정책들을 폐지했다.

참으로 잘한 일이다!

그런데 팬데믹 기간에 비정상으로 실시된 선거로 바이든이 2021년 백악관에 들어오자 오바마의 성소수자 정책이 즉시 복구되었다. 바이든은 잘못 이해하고 있다.

얼마나 많은 성이 있는가?

그들은 남성 여성 아닌 72-100여 개의 성(gender)이 있다고 설명한다.

"얼마나 많은 성이 있는가?"

'성 정체성(gender identity) 수'의 질문에 대한 대답도 각기 다르다.

위키백과사전(Wikipedia)에 따르면 '107개'의 성이 있다. 메디신 넷(Medicine Net)에서 저자 샤지야 알라라카아(Shaziya Allaraka)는 남성과 여성

외 '72개' 다른 성이 있다고 주장한다(Medicine Net, 2022.2.2). 예를 들어, 무성(agender), 친성(amicagender) 등이다.

헬프플프로페서(HelpfulProfessor.com)에 따르면 '81개' 성이 있다. 예를 들어 남성, 여성, 성전환(transgender), 시스젠더(cisgender), 비순응성(gender non-conforming) 등이다. 섹슈얼다이버시티(SexualDiversity.org)에 따르면 남성 여성을 포함해 '94개'의 성이 있다. 예를 들어 무양성(abinary), 무성(agender), 시스(cis), 여성, 남성 등이다(섹슈얼 다이버시티.org. 2023.2.3)

이처럼 명확한 범주나 규칙 없이 각자 다르게 생각하고 추측하는 대로, 성 유형(types of genders) 또는 성 목록(list of genders)을 나열하고 있다.

왜 그럴까?

여성건강잡지에서 심리학자와 전문가가 작년에 '16개'의 성이 있다고 주장했다(Womenshealthmag.com. 2022.7.6). 그렇다면, 시간이 지날수록 점점 더 많은 성(gender)이 발견된다는 말인가?

과학적, 생물학적 '남성'과 '여성'은 오랜 인류 역사 속에 명확히 존재하면서 자연스럽게 알려지고 존중되어온 변함없는 사실이요, 실재다. 그런데 오바마 집권기에 갑자기 등장해 퍼지고, 2021년 바이든 시대(성전환을 폐지한 2017-2020년 트럼프 시대는 제외)에 다시 등장한 많은 성은 그 존재 여부가 불명확하고 알려지지 않은 것들이다. 그리고 그 많은 성은 수시로 변하는 불확정적이고 비실재적이다. 주장되는 성의 수나 목록도 누가 주장하느냐에 따라 제각기 다르다.

왜 그럴까?

왜 그들은 인류 역사 속에 잘 알려지지도 않은, 그러므로 있는지 없는지 존재 여부조차 불확실한 수많은 성이 있다고 주장하면서, 그것을 '남성', '여성'처럼 확실한 성으로 받아들이라고 무법적으로 요구하는가?

그렇게 하지 말아야 하며 그렇게 할 수 없는 것 아닌가?

그들은 왜 비실체를 실체로 받아들일 것을 강압하는가?

오바마는 왜 그런 비실체에 근거해 정책들을 수립하고 발전시켜 미국 유아, 어린이, 청소년, 군인을 파괴하는가?

국가의 정책은 사실성과 진실성, 과학성에 근거해 수립해야 하는 것 아닌가?

국가의 정책은 가장 기본에서 최소한 국민의 건강을 해치지 말아야 하지 않는가?

성 정체성 용어에도 문제점이 드러난다.

> 성 정체성(gender identity)이라는 용어는 '개인이 그들의 성에 관해 그들 자신을 어떻게 규명하는지'를 의미한다. 그것은 해부(anatomy)나 유전학(genetics)과 무관할 것이다. 그러므로 각 개인은 그 자신을 남성, 여성, 비양성(none), 양성(both) 또는 자신의 성기와 관계없이 어떤 다른 범주로 규정할 수 있다(메디신넷.com 2022.2.2).

그 아이디어는 출생 시에 어떤 성을 지녔는지에 관련 없이 모든 사람이 그들의 피부에서 편함을 느낄 수 있도록 만드는 것이다(메디신넷.com). '성 정체성'에 대해 다시 살펴보자.

성 정체성(gender Identity)은 자신의 성에 대한 개인의 감각(sense)이다. 성 정체성은 개인이 지닌 성(sex)과 상호 관련될 수 있거나 그것과 다를 수 있다. 대부분의 개인에게 생물학적 성(sex) 결정요인(determinants)이 개인의 성 정체성과 합동하거나 일치한다 … 본질주의자들은 출생 시에 생물학적 유전학적 요소들에 의해 성 정체성이 결정된다고 주장한다. 대조적으로 사회구성주의자들은 성 정체성과 그 표현은 사회적으로 구성되며 그 대신 문화적이고 사회적인 영향으로 결정된다고 주장한다(섹슈얼다이버시티.org 2023. 2. 3).

성 정체성은 개인이 자신의 성에 대해 감각하는 성이다. 그러므로 성전환 주장자들은 개인이 자신의 성을 무엇으로 느끼는가에 대하여 상상력을 총동원해 많은 분석을 하고, 많은 목록을 나열해 놓았다. 그런데 위의 진술에 따르면, 대부분 사람에게 생물학적 성 결정요인이 성 정체성과 합동 또는 일치한다.

그렇다면 대부분의 사람은 태어날 때 생물학적으로 결정된 성, 즉 '남성'과 '여성'의 '성'(sex)에 따라 그들의 성 정체성을 지닐 것이다. 결국, 성 정체성의 대부분이 남성과 여성이라는 결론에 도달하게 된다. 그렇다면 '남성', '여성' 외에 다른 '92가지 성'(genders)을 남성, 여성과 동일한 레벨에서 성 목록으로 나열한 것은 문제 있다.

대부분 사람의 성 정체성은 남성, 여성이며, 그러므로 '남성'과 '여성'이 성 정체성의 대부분을 차지하는 중심이고 핵심요소이기 때문이다. 나머지 극소수의 성 정체성과 그것의 많은 목록은 예외적 경우로 다루거나 부차적으로 다루어져야 할 것이다.

다시 말해, '성 정체성'에서 대부분을 차지하는 '남성'과 '여성'이 매우 중요시되어야 한다. 남성과 여성에 큰 비중을 두어야 하며 강조되고 교육되어야 한다. 그것이 바르다.

대부분 사람의 성, '남성'과 '여성'을 극소수의 100여 가지 성 목록에 동일한 레벨로 함께 묶어 나열하는 것은 오류다. 이것은 극히 희귀한, 암이라는 비정상의 세포를 정상 세포와 나란히 진열하고 취급하는 것과 유사할 것이다. 성 정체성이 무엇인가 살펴보자.

성 정체성은 어떤 사람이 그들의 성(gender)이 무엇인가를 느끼는 것이다. 그것은 어떤 사람의 사적 부분이 어떠한지 또는 그들이 어떻게 보이는지는 성 정체성과 무관하다는 것을 뜻한다. 성 정체성은 어떤 사람이 그들 자신을 어떻게 묘사하는지, 어떻게 표현하는지, 또한 어떻게 느끼는지를 포함하는 것으로 이해될 수 있다. 아래 94개 성 정체성들은 2023년 현재 목록화된 것이다(섹슈얼다이비시디.org. 2023.2.3.).

성 정체성이 무엇인지에 대해 거듭 설명한다. 성전환, 동성애를 극도로 밀어붙인 친이슬람·반미국 벼락 후세인 오바마는 2012년에 '성적지향성', 2015년에 '성 정체성'을 선언해 동성애, 성전환을 정상적인 것으로 위장시키면서 더욱 드높이고 밀어붙였다.

일국의 대통령으로서 오바마는 왜 그처럼 비정상의 해로운 성전환, 동성애를 정상이고 보편적 행위로 만들려고 온 에너지를 쏟는가?

앞선 글의 또 하나의 문제는 본질주의자와 사회구성주의자의 대립이다. 본질주의자에 따르면 성 정체성은 출생 시 생물학적, 유전학적 요소들에 의해 결정된다. 다시 말하면 인간 신체에 형성되고 일어난 생물학적 과학적 사실이 개인의 성 정체성을 형성한다. 하지만, 사회구성주의자에 따르면 성 정체성은 사회적 문화적 요소들에 의해 사회적으로 구성되고 결정된다. 다시 말해, 인간 신체에 발생하고 형성된 사실과 무관하게, 문화적 사회적 요소들의 영향을 받아 사회적으로 결정된다.

본질주의자의 주장은 과학적 생물학적 진리에 근거하며 올바른 주장이다. 반면, 사회구성주의자들의 주장은 성의 '본질' 내용이 빠졌다. 그들은 본질의 내용 없이 사회문화적 영향으로 성 정체성이 형성되는 것으로 주장한다.

여기에 관해 생각해보자. 사회와 문화가 형성되기 이전, '남성'과 '여성'이라는 성이 있었다. 사람들은 각기 자기의 '성'을 느끼고 알게 되어 '남성'은 남자로서 역할을 하고, '여성'은 여자로서의 역할을 스스로 하게 되어있다. 사회와 문화가 발달하기 이전에, 즉 사회적 문화적 어떤 영향 없이도, 사람들은 자신의 성 정체성을 알았고 그 성 정체성에 적합한 역할을 해온 것이다.

어떻게 그럴 수 있었는가?
어떻게 사람이 사회와 문화가 형성 또는 발전되기 이전에 그들 자신의 성을 느끼고 알 수 있었을까?

그것은 본질 자체에 관계된다. 사회적 영향이 있든 없든, 창조적 과학적 생물학적 진리는 그 자체로 서 있다. 그러므로 사람은 땅에 존재하기 시작한 처음부터 남자와 여자로서 있다.

장구한 인류 역사 속에서 '남성'이나 '여성', 아닌 '다른 성'이 있었는가?

다른 성은 없었다. 그것이 엄연한 자연적 역사적 진실이다.

왜 다른 성은 없었을까?

사람들은 왜 다른 성에 대하여 느끼지 못하고 알지 못했을까?

대답은 간단하다. 실제로 '남성', '여성' 외에 다른 성은 없기 때문이다. 하나님이 사람을 창조하실 때, '남자'와 '여자'로 창조하셨다(창 1:27). 하나님이 창조하신 남성과 여성은 매우 오묘하며 무한히 신비롭고 아주 섬세하고 미세한 구조와 형성에서 상호 구별되는 과학적 생물학적 실체요, 사실이다.

왜 장구한 인류 역사 속에서 문명이 발달한 국가들에 '남성', '여성' 외의 다른 성은 없었을까?

성적으로 타락한 제국의 성문화를 거론할 때도 남성과 여성 외의 다른 성은 거론되지 않는다.

장구한 인류 역사 속에서 왜 오늘날의 오바마와 추진자들이 주장하는 것처럼 소위 수십 가지 또는 백여 개의 성들이 있다고 일찍이 주장되지 않았던가?

대답은 간단하다. '남성', '여성' 외에 다른 성은 정말로 없기 때문이다. 만일 '남성', '여성' 외 다른 성들이 실제로 있었다면 자연스럽게 인류 역사 속에서 항상 거론되었을 것이다. 인간 역사 속에서 남성 여성 외에 다른 성이 있다는 것은 거론되지 않았으며 다른 동물들도 마찬가지다. 동물들이 수컷, 암컷 외에 다른 성이 있다고 말하지 않는다. 그것은 엄연한 사실(fact)이다. 즉, 창조적·과학적 진리요, 사실이다.

사람에게 성이 수십 가지, 백여 개라고 주장하는 것은 오바마 시대부터 주장되는 것들인데, 매우 주관적이고 공상적이며 비과학적 주장들이다. 개인 자신이 자신의 성(gender)에 대하여 감각하거나 느끼는 것이 사실이 아닐 수 있다.

예를 들어, 사람이 자기 자신을 공중을 나는 '새'라고 느낄 수 있다. 느낌이나 감각은 주관이요 자유이기 때문이다. 그러나 사실은 그가 사람이지 새가 아니다. 사람으로 태어난 사람이 자신을 새라고 느낀다고 그 사람이 새로 변하지 않는다. 주관적인 느낌이나 감각은 사실과 증거가 구체적으로 뒷받침되지 않는 한, 바른 주장으로 받아들이기 어렵다.

반기독교·친이슬람 버락 후세인 오바마 집권기 이후 등장하는 소위 수십 가지 또는 백여 개의 성들은 과학적 생물학적 진리 '남성'과 '여성'을 제외하면 모두가 사람의 성에 대한 주관적 판단과 편견과 느낌이다.

성에 대한 그들의 수많은 주장은 역사적 사실과 과학적 증거가 뒷받침되지 않는다. 그처럼 사실과 증거가 뒷받침되지 않는 허다한 성들이 있다는 주장들은 단순히 허구요 상상이며 허상이다. 그것들은 주관적 감각과 느낌의 영상 속에만 머물러야 하는 것들이다.

사실과 실체가 뒷받침되지 않는 모든 다른 성들은 소중히 다루어야 할 가치가 없다. 오직 창조적, 역사적, 과학적 실체(진리)가 확고히 뒷받침되는 '남성', '여성'만이 소중한 가치를 지닌 '성'으로 인정되어야 한다.

그리고 오직 '남성'과 '여성'만이 인류 역사 속에 계속해서 드높이고 존중되어야 한다. 인류 역사는 오직 '남성'과 '여성'이 이루어 온 역사다. 하나님이 창조하신 '남성'과 '여성'이 피땀 흘려 일구어온 역사다.

2. 인류 역사상 최초 인간 파괴: 오바마의 성전환

오바마와 추진자들은 믿기 어려운 주장을 한다.
사람에게 수십 가지에서 백여 개의 성(gender)이 있다는 것이다.

그들의 주장은 사실인가?
아니면 사실적 근거 없이 오로지 개인의 주관적 느낌이나 감각과 상상력에 불과한 허구일까?
장구한 인류 역사 속에서 '남성'과 '여성' 외에 다른 성들이 정말로 있었는가?

성서에는 오직 두 가지 성이 있다. '남성'과 '여성.'
다른 성은 없다. 장구한 인류 역사 속에도 사람의 이야기는 남성과 여성에 관한 이야기이지 다른 성들(genders)에 관한 이야기는 들리지 않는다. 그만치 남성 여성 외에 다른 성이라는 개념은 설득력 없는 것이요, 실제로 있지 않았던 것으로 볼 수 있다.
21세기 벼락 후세인 오바마 시대부터 별스럽게 주장하듯이(이런 주장들은 미국과 서구와 기독교를 파괴하려는 나쁜 의도가 숨긴 것), 수십 가지 - 백여 가지의 성들이 정말로 있었다면, 왜 그처럼 허다한 다른 성을 지닌 사람에 관한 이야기가 인류 역사 속에 기록되지 않았겠는가?

우리가 잘 알듯이 장구한 인류 역사에서 원시시대부터 시작해 고대, 중세, 근대, 현대에 이르기까지 사람들의 업적과 행위에 관한 이야기는 남성과 여성에 관한 이야기다.

오바마와 추진자들이 주장하는 다른 성들, 예를 들어 비양성(Non-binary), 멀티젠더(multigende, 복수성), 젠더플로우(Genderflow, 유동성, 성 정체성이 무한한 느낌 사이에서 유동한다), 옴니젠더(omnigender, 모든 성), 트랜스젠더(Transgender), 트라이젠더(Trigender, 세 성) 등의 성을 지닌 사람들에 관해 들어본 적이 있는가?

인류 역사의 기록은 '남성'과 '여성'에 대한 이야기다. 정통적으로 올바르게 이어지는 인류 역사와 인간 활동에 대한 기록들은 남성과 여성이 생각하고 행동한 기록들이다.

비양성, 옴니젠더, 트라이젠더라는 사람들이 실제로 존재했고, 활동했다는 기록들이 있는가?

오바마와 추진자들이 말하듯 남성, 여성 아닌 수십 가지나 백여 개의 성을 지녔다는 사람들, 그런 사람들이 역사에 실제로 나타났었는가?

그런 수십 가지에서 백여 개의 성을 지닌 사람들이 정말로 존재하고 활동했다는 이야기를 들어본 적이 있는가?

그런 사람들에 대한 과학적이고 사실적 이야기들의 기록들을 읽어 본 적이 있는가?

성전환(transgender), 동성애(homosexuality)가 마치 정상인 것처럼, 아니 정상인 남성, 여성보다도 더욱 조명되고 드높여지기 시작한 것은 모두가 21세기 버락 후세인 오바마 시대부터 생긴 일이다. 인류 역사상 처음으로, 21세기 버락 후세인 오바마 시대에 소위 성전환자, 동성애자가 의도적으로 높여지고 군대와 백악관에서 지위를 차지하게 되었다. 오바마는 2015년 6월 미국 역사상 처음으로 소위 성전환자 라피(Raffi)를 백악관 인사과 책임자(director)로 임명하고 2016년 3월에는 그의 직책을 한층 더 높여 비정상의 성전환을 정상으로 둔갑시킨 모델로 제시하면서 더욱 확산시켰다.

2016년 5월 23일, 미국 역사상 또한 끔찍하고 어이없는 일이 벌어졌다. 버락 후세인 오바마는 백악관 '신앙자문위원'에 82세 성전환운동가 바바라(Babara)를 임명했다. 그는 본래 3명의 아빠인데 성전환 여성이 되었다(『트럼프 대통령의 새 시대와 동성애』). 그의 신체는 남자인데 얼굴은 여자 같다. 백악관의 신앙자문위원으로 반성서적이며 하나님의 창조를 모독하고 파괴하는 '성전환자'를 버젓이 임명하였다. 미국과 기독교와 기독교 지도자들을 향한 비웃음과 도전이다.

버락 후세인 오바마가 인류 역사상 최초로 남성, 여성 아닌 소위 성전환자를 역사 속에 기록으로 남기기 위해 부단히 애쓰고 있는 흔적이다. 하지만, 미국 백악관에서 해로운 소위성전환을 정상으로 둔갑시키고, 남성, 여성보다도 더욱 높이고 포상한 그의 수상쩍은 정책은 결코 성공할 수 없다. 미국을 성전환자 나라, 동성애자 나라, 성소수자 나라(LGBT nation), 창조주를 모독하고 대항하는 비정상의 나라로 만들려는 그의 수많은 노력은 결국 쓰디쓴 참패를 당할 것이다. 오바마와 추종자(민주당)들이 성 정체성에 관해 주장하는 내용들은 거짓이기 때문이다. 그리고 거짓은 모래성처럼 무너지기 때문이다.
 수십 가지, 또는 백여 가지 성이 있다는 주장들이 말이 되는가?
 오바마가 성전환자로 백악관에 기용한 인물들도 본래는 '남성' 또는 '여성' 이었으며 소위 성전환을 한 사람들이다. 그런데 그것은 단순히 '남성에서 여성으로', 또는 '여성에서 남성으로' 성전환 하였다. 하지만, 실제는 성전환한 것이 아니다. 매우 불완전한 상태다. 그들은 본래 남성, 본래 여성을 억지로 성전환 여성, 성전환 남성으로 만들려고 무리하게 사춘기 차단제를 투입하고 성호르몬을 주입하며, 건강한 유방과 성기까지 잘라내고 들어내는 수술을 받으면서 변형되고 망가진 남성과 여성이다.

 하지만, 그들은 의도하던 대로 남성에서 여성으로 될 수 없었다. 또는, 여성에서 남성이 될 수 없었다. 생물학적 남성은 오바마의 성전환을 통해 본래 남성에서 여성으로 되고자 의도했지만, 사실은 여성이 될 수 없는 부서지고 변질되어 망그러진 남성이다. 또는 생물학적 여성은 오바마의 성전환을 통해 본래 여성에서 남성으로 되고자 의도했지만, 사실은 남성이 될 수 없는 부서지고 변질되어 망그러진 여성이다. 그것이 오바마 시대에 소위 '성전환'이라고 칭하면서 홍보하고 강요해온 성 정체성의 시행이다.
 다시 말해, 그들은 본래 '남성'과 '여성'이었다. 그런데 오바마가 홍보하고 교육하고 지원하는 소위 '성전환'을 한답시고 건강한 '남성'과 '여성'이 자신들의 신체에 해로운 약물을 주입해 변질시키고 수술을 하면서 가슴과 성기를 잔인하게 잘라내었다.

 그런데 그처럼 만들어지는 성(gender)이 있는가?

그처럼 인위적으로 해로운 약물을 주입하고 건강한 소녀의 가슴을 도려내며 건강한 청소년의 성기를 잘라내어 만들어지는 성이 있는가?
성(gender)을 그처럼 반자연적 잔인한 방법으로 만들어내는가?

그런 것이 오바마가 말하는 소위 '성 정체성'을 찾는 방식이다. 건강한 신체에 반자연적 사춘기 차단제를 투입하고 전환 호르몬을 주입한다. 소녀의 가슴을 칼로 도려내고 소년·소녀의 생식기를 칼로 베어내고 들어낸다. 그것은 크게 잘못되었다. 그런 것은 하나님이 창조한 매우 오묘하고 신비스러운 '남성'과 '여성'을 인간의 섣부르고 조잡한 판단과 착오로 해치고 파괴하며 망가뜨리는 처참한 '인간 존재 파괴'다.

하나님은 사람을 '남성'과 '여성'으로 지으신 위대한 창조주이다. 하지만, 인간은 매우 서툴고 조잡한 도공이거나 시술자다.
하나님이 창조한 인간 존재가 얼마나 심오하고 얼마나 오묘하며 얼마나 신비스러운지를 생각해 보았는가?
얼마나 미세하고 얼마나 섬세한지를 알고 있는가?
단지 사람 눈의 시신경만 해도 120만여 개가 된다고 한다.
그처럼 많은 120만 개의 시신경을 우리가 모두 살펴보고 헤아려 볼 수 있을까?

피조물은 자신의 한계를 알고 창조주 앞에 겸손해야 한다. 눈에 보이는 여성다운 또는 남성다운 피부, 팔, 다리, 얼굴, 가슴, 성기 등이 사람의 신체 즉 남성이나 여성의 신체를 구성하는 전부가 아니다. 수많은 세포, 유전자, 염색체, 신경 등 눈에 보이지 않는 부분이 매우 중요하게 결정적으로 사람의 신체를 구성하고 움직인다. 아름답게 솟는 소녀의 건강한 가슴을 의사들이 잔인하게 칼로 잘라낸다고, 소녀가 남자가 되는 것은 아니다. 여성이 가슴을 잘라낸다면 가슴을 없앤 여성이다.

남성도 마찬가지다. 의사가 남성에게 사춘기 차단제(puberty blocker)를 주입하고 여성 호르몬을 투입하며 남성 성기를 칼로 베어내는 수술을 했다고, 남성이 여성으로 전환되지 않는다. 정상적인 사춘기 발달을 방해당하고 여성호르몬이 투입되며 성기가 잘린 남성이다. 남성 성기를 자른다고 여성 성기로 변하지 않는다.

질문을 제기해야 한다.

성호르몬(여성호르몬, 남성 호르몬)이 얼마나 중요하게, 얼마나 비중 있게 남성과 여성이 되도록 결정하는 걸까?

남성과 여성에는 근본적인 차이가 있다. 성호르몬 투입, 성기 제거, 가슴 제거로 할 수 없는 매우 미세하고 섬세한 부분들이 많이 있다. 그보다 더욱 미세한 부분들도 있을 것이다. 인간으로서는 파악이 불가능한 영역, 미래에도 파악이 불가능한 영역도 있을 것이다. 인간 존재는 여러모로 제한되기 때문이며 인식 능력의 한계와 지식의 한계를 벗어날 수 없을 것이기 때문이다.

쉽게 말하면, 우리 사람은 정해진 시공간 속에 살고 있지만, 창조주가 만드신 것들은 사람이 이해할 수 없고 도달할 수 없는 영역도 포함하기 때문이다. 우리 시대에 의학과 과학은 계속 더 연구되고 발달하는 과정에 있으며 창조주의 일은 때로 의학과 과학을 넘어서기 때문이다. 창조주 하나님은 피조물의 이해력을 무한히 넘어선다.

오바마 시대에 '생물학적 남성'에서 여성이 되려고 성전환 시술을 받은 '성전환 여성'(생물학적 남성)은 천부적 여성과 같지 않다.
다시 말해, 생물학적 남성에서 여성이 되려고 성전환 과정을 거치고 성전환수술을 받은 이는 모태에서 여아로 형성되어 출생 시 여아로 태어난 자연적 여성(생물학적 여성, 본래 여성, 천부적 여성)이 될 수 없다!
자연적 여성은 정말로 여성답다. 하지만, 남성에서 여성으로 성전환을 시도한 '성전환 여성'은 아이러니하다. 오바마의 정책에 따라 소위 여성이라 선언(pronounce)하면서도 남성의 신체구조와 골격을 지녔으며 때로 남성 성기까지 지녔다.

인류 역사에서 그런 '희한한 여성'을 본 적이 있는가?
인류 역사에 남성 성기를 지니고 자신을 여성이라고 주장하는 사람들이 존재했는가?
장구한 인류 역사 속에서 남자 신체구조와 골격과 피부와 유전자와 염색체를 지니고 자신을 여성이라고 선언한 사람들을 본 적이 있는가?
그런 사람들이 존재했다는 말을 들어본 적이 있는가?
그런 사람들이 살고 있었다는 글을 읽어본 적이 있는가?

장구한 인류 역사 속에서 21세기 친이슬람 버락 후세인 오바마 시대에 미국 백악관을 중심으로 벌어진 성전환정책과 성소수자 정책은 '인류 역사상 처음 벌어진 인간 파괴 사건'이다.

반기독교, 반미국, 반서구, 친이슬람 오바마의 성전환 정책은 다소 지능적이고 의학을 이용한 인류 역사상 최초의 인간 파괴다. 국가 정책적으로 조직적이고 치밀하게 건강한 사람의 신체조직을 변질시키고 해체하며 파괴한다. 그런 것은 인류 역사 속에서 국가교육이나 정책에 일어나지 않았던 '해괴한 사건'이다. 단지 21세기에 미국에서 44대 대통령, 역대 대통령 중 유일하게 무슬림 이름을 지닌 버락 후세인 오바마의 어두운 욕망과 의도로 열렬히 추진된 '기괴한 사건'이다.

그것은 하나님이 지으신 인간 존재 그 자체의 자연스러운 성장을 가로막고 변질시키면서 병들게 하고 파괴하는 비정상의 극도로 사악한 사건이다. 거짓은 거짓됨을 숨기려고 계속해서 거짓을 만들어낸다. 검증되지 않은 매우 해로운 성전환 교육과 강압 정책(성소수자확산 정책의 한 부분), 극도의 성전환 정책, 그로 인해 벌어진 국가와 사회현상은 매우 혼란스럽고 어지럽다.

인간 사회의 정상적인 질서를 온통 파괴하고, 미국을 부도덕한 나라, 올바른 기준이 없는 나라로 만든다. 남성 성기를 지닌 '성전환 여성'(생물학적 남성)이 여성 목욕탕에 들어가도록 허락해 여인들을 놀라게 하고, 학교에서는 여성 라커룸에 들어가 여학생들을 놀라게 한다. 검증되지 않은 불완전한 성전환자로 인해 벌어지는 일들은 매우 불공평하며 혼란스럽다. 정상적인 시민들이 그런 이상한 일들에 항의하면 성전환자 권리를 침해한다고 오히려 역공한다. 버락 후세인 오바마의 수법이다.

친이슬람 버락 후세인 오바마는 검증되지 않은 위험한 성전환을 정책적으로 부추기고 확산시켜 인류 역사상 최초로 지능적인 인간 파괴를 감행하고 있다. 의도적으로 미국과 미국인을 파괴하고 성서를 모독하고 있다. 의도적으로 기독교 문명을 지닌 서구 국가들을 파괴하여 서구의 몰락을 재촉하고 있다. 의도적으로 기독교가 번창하는 국가들을 파괴하며 쇠퇴로 끌어당기고 있다. 인류 질서와 자연 질서를 파괴하고 온통 혼란스러운 무질서와 혼돈의 상태로 변경시키고 있다.

예를 들어, 남성에서 여성이 되고자 한 성전환 여성(생물학적 남성)이 여성 경기에 출전해 여성을 제압하고 우승하여 메달을 받는다. 학교경기에도 그렇다. 나아가 여성의 미를 상징하는 미스 유니버스 대회도 성전환 여성이 대표로 뽑혀 말할 수 없는 충격과 무질서와 혼란을 일으킨다(2023 미스 네덜란드. 돈으로 매수한다고도 함). 그야말로 자연적이고 정상적인 사회질서를 온통 뒤엎고 무질서와 혼란의 소용돌이 속으로 인간 사회를 몰아넣고 있다.

오바마가 최초로 정책화한 소위 '성전환' 자체에 문제가 있다. 생물학적 남자를 여자로 전환한답시고 사춘기 차단제를 주입하고 여성호르몬을 투입하며 생식기를 베어내는 성전환 과정과 수술을 시행해도, 그것 자체로 문제 있고 매우 불확실하며 매우 불안전하다는 것이다. 다시 말해, 그런 성전환을 시도했어도 본래 남성으로 태어난 사람은 태어날 때 선천적으로 지닌 고유한 남성다움을 벗어날 수 없다.

여기서 '성전환 여성'(생물학적 남성) 신체 내에 '상호 갈등'이 조성될 수 있다.

첫째, 한편에서 태어날 때 선천적으로 전해 내려온 본래의 자연적 '생물학적 남성의 특성과 요소와 상태'가 있다.

둘째, 다른 편에는 어린이 청소년기에 사춘기 차단제, 여성호르몬 투입, 남성 생식기 절단으로 인위적으로 조작된 '여성적 특성과 요소와 상태'가 있다.

이런 두 가지 상이한 특성과 요소와 상태가 '성전환 여성'의 '한 신체' 내에서 수시로 상호 충돌하며 문제를 일으킬 수 있다. 어떤 경우는 본래성이 강하고 어떤 경우는 인위적 변질, 즉 비본래성이 강하며, 또 본래성과 비본래성이 어느 정도 동등할 수 있다. 또한 매 순간 본래성과 비본래성이 충돌을 일으키며, 상호 순서가 뒤바뀌고, 상호 교차할 수 있는 것이다.

예를 들어, 운동경기에서 성전환 여성이 자연적 여성을 제압한다는 것은 선천적 남성의 요소가 위인적으로 조작된 여성의 요소보다 더욱 강하게 작용하기 때문일 수 있다. 다시 말해, 아무리 인위적으로 남성적인 요소를 차단하고 제거하려 해도, 모태에서 남아로 형성되어 자라고, 태어날 때 남아로 태어났기 때문에, 천부적으로 지닌 생물학적 남성의 특성과 요소와 상태를 벗어날 수 없다.

출생 시에 타고난 자연적 성을 지닌 사람이 오바마의 인위적 성전환을 접하면 한 신체 내에 조성되는, 상반되는 특성들로 인해 역작용과 부작용이 일어날 수 있다. 출생 시 남성으로 태어난 사람을 여성으로 성전환하기 위해 인위적으로 사춘기 차단제 투입, 여성 호르몬 주입, 남성 성기 절단 등을 해도, 본래 남아로 태어난 남성의 신체 내부에서 아주 미세하고 아주 섬세하게 계속해서 성장하고 있는 남성의 '어떤 미세한 특성과 요소'를 막을 수 없다.

이처럼 상호 대립하는 특성과 요소들이 한 신체 내에서 상호충돌과 갈등을 일으킬 때, 그 사람의 신체에는 무슨 일이 일어나는가?

성전환자의 자살 충동률이 보통 사람보다 1,000배나 강하고 수술 후도 100배 강하다고 알려졌다.

왜 그럴까?

왜 보통 사람보다 소위 성전환자 자살 충동률이 1,000배 강하고, 수술 후도 100배 더욱 강한가?

성전환자의 신체 내부에서 항시 일어나는 이처럼 상이한 특성과 요소의 상호 충돌하는 갈등과 대립도 자살 충동률이 1,000배나 되는 중요한 원인의 하나일 수 있다.

불행하게도 자연적 남성에서 여성이 되려고 의도한 '성전환 여성'은 실제로 여성이 되지 못하고 중도의 영역 '비양성' 또는 '낯선 상태'에 머물러 있다. 남성도 여성도 아니다. 본래 남성이었지만 남성적 발달을 차단하고 여성 호르몬을 주입하며 남성 성기를 잘라내어 변질되고 이지러진 남성이다. 그들은 여성이 되고자 의도했지만, 여성이 될 수 없다.

그 이유는 모태에서 남아로 형성되고 자라, 출생 시 남성으로 태어났기 때문이다. 모태에서 남아로 형성되고 자랐으며, 출생 시 고유한 '남성'으로 태어난 것이 중요한 실체요, 사실이기 때문이다. 그런 실체를 일부 차단하고, 일부 변질시키며, 일부 칼로 자른다고 해서 모태에서 형성되어 선천적으로 고유하게 전달되는 자연적 생물학적 남성 요소가 전부 사라지고 여성으로 바뀌는 것은 결코 아니기 때문이다.

다시 말해, 태어날 때 '남아'로 태어나 선천적으로 내려온 세미한 남성적 특성과 요소는 성전환 시술에도 불구하고, 남성 신체 내에서 계속 성장하고 있다. 모태에서 '남아로 형성되어 태어난 아기'는 모태에서 '여아로 형성되어 태어난 아기'와 근본적으로 이미 다른 것이기 때문이다.

인위적이고 섣부른 성전환 치료가 사람의 신체 내에서 극히 미세하고 극히 섬세하여 계속 성장하고 있는 천부적인 '남성적 특성과 요소'를 모두 제거할 수 없다. 눈으로 볼 수 없는 극히 섬세하고 극히 미세한 창조주 하나님이 지으신 '성의 부분'을 피조물 사람이 제대로 다루고 처리할 수 없기 때문이다.

사람은 창조주가 아니다!
무모하고 어설픈 시행, 극도로 해로운 성전환을 신속히 철폐해 사람을 더 이상 인위적으로 해치지 말아야 한다. 더하여 국가는 국민이 자연적이고 천부적인 두 가지 성, '남성'과 '여성'으로서 건강한 삶을 활기차게 살도록 좋은 정책으로 철두철미하게 지원해야 할 의무가 있다. 그래야 국민이 건강하며 생육하고 번성하게 된다. 그때 국가의 원동력이 넘치면서 국가는 더욱 강해지고 번영하게 된다.

그들이 수십 가지에서 백여 가지 성이 있다고 목록을 나열하지만, 그처럼 많은 성이 있다는 그들의 주장은 전혀 입증되지 않는다. 소위 성전환의 거의 모두가 '남성에서 여성으로' 또는 '여성에서 남성으로' 전환을 시도하였다. 하지만, 그들 모두 성공하지 못하고 있으며 결코 성공할 수 없다! 사람은 창조주가 아니기 때문이다. 솔직히 말해 우리 사람은 다른 생명체나 성(sex)을 만들 수 없다. 이미 존재하는 생명체(동물, 식물)나 성(남성, 여성)을 변형하거나 변질시키고 망가뜨릴 수는 있어도, 생명체나 성을 새로이 만들어 낼 수 없다.

창조주가 생명체를 창조하셨다. 창조주가 성을 지으셨다. '남성'과 '여성'을 지으셨다(창 1:27). 그래서 원시 시대로부터 고대, 중세, 근대를 지나 현대에 이르기까지 사람은 '남성'과 '여성'으로서 존재하고 있다.

인류 역사에서 '남성' 또는 '여성' 아닌 다른 '성'을 지닌 사람이 있었는가?

그런 사람은 없었다. 고양이나 다른 동물들도 그렇다. '암컷'이나 '수컷' 아닌 다른 성을 지닌 동물은 없었다. 혹시 몸의 어떤 부분의 발달이 잘못되었거나 덜 될 수는 있어도 암컷과 수컷이 있었다.

사람에는 남성과 여성이 있었다. 그 중간에 다른 성은 본래 없으며 하나님의 '창조 법칙'과 '자연 법칙'에 따라 '남자'와 '여자'가 이 땅 위에 태어났다. 여인이 임신하면 '남아'나 '여아'를 잉태한다. 그 외 다른 성을 지닌 아기를 잉태했다는 기록을 본 적이 없다.

'남성', '여성'을 제외하고 오바마와 추진자들이 있다고 주장하는 수십 가지 성 또는 백여 가지 성에 속한 사람들을 본 적이 있는가?

그런 성에 속하는 아이를 잉태했다는 글을 읽어본 적이 있는가?

그들이 말하는 수십 가지에서 백여 가지 성이란 결국 그들 마음대로 그려 놓은 상상력의 산물이다. 그들이 그렇다고 제시하는 성들에 대한 실제 증거와 자료가 뒷받침되지 않는다.

사실적 증거 없이 단지 생각만으로, 상상력만으로 수십 가지에서 백여 가지 성을 만들어 낼 수 있다고 우기는가?

상상력은 자유지만 실체가 뒷받침되지 않는 한, 그것은 허상에 불과하다. 그리고 실체가 없는 허상은 사실이 아니다. 픽션 소설처럼, 그것은 인간의 성(gender)에 대한 '픽션'이다.

3. 하나님이 지으신 두 가지 오묘한 성 '남성과 여성' : 다른 성은 없다!

태초에 하나님이 천지를 창조하셨다. 창조주 하나님은 6일 동안 우주 만물을 창조하시고 여섯째 날에 창조의 클라이맥스로 사람을 창조하셨다.

> 태초에 하나님이 천지를 창조하시니라. 하나님이 자기 형상 곧 하나님의 형상대로 사람을 창조하시되 남자와 여자를 창조하시고(창 1:1, 27).
> In the beginning, God created the heaven and the Earth. God created man in his own image, in the image of God. He created the humans, male and female. He created them(Gen. 1:1, 27).

하나님이 그 자신의 형상 곧 '하나님의 형상'(Image of God)대로 사람을 창조하셨다. 남자와 여자, 즉 '남성'과 '여성'을 창조하셨다. 남성과 여성은 처음부터 상이하게 지어졌다. 그리고 하나님은 '남성'과 '여성' 외 다른 성을 지닌 사람을 지으시지 않으셨다. 오바마와 추진자들이 주장하듯이 수십 가지에서 백여 가지 성을 만들지 않으셨다. '남성'과 '여성'

두 가지 성을 만드셨다.

하나님은 왜 남자만 혹은 여자만 지으시지 않으셨을까?
하나님이 굳이 남성과 여성을 구별되게 창조하신 목적은 무엇일까?
거기에 어떤 중대한 이유가 있을까?
남자끼리만 또는 여자끼리만은 땅 위에서 살 수 없다는 말인가?
창조주 하나님이 남성과 여성을 창조하신 그 이유와 목적은 무엇인가?

이런 질문을 하면서 성(sex)의 고유함과 신비로움에 들어서게 된다.

> 하나님이 그들에게 복을 주시며 하나님이 그들에게 이르시되 생육하고 번성하여 땅에 충만하라. 땅을 정복하라. 바다의 물고기와 하늘의 새와 땅에 움직이는 모든 생물을 다스리라 하시니라(창 1:28).
> God blessed them and said to them 'Be fruitful and increase in number, fill the earth and subdue it. Rule over the fish of the sea and the birds of the air and over every living creature that moves on the ground(Gen. 1:28).

하나님이 사람을 남자와 여자로 지으시고 가장 처음으로 하신 말씀이다. 하나님은 사람에게 제일 먼저 축복하여 주셨다. 여기서 무엇보다도 사람이 복을 받고 잘되기를 원하시는 창조주 하나님을 볼 수 있다.
그런데 어떻게 하나님이 내려 주시는 복을 받을 수 있는가?

하나님이 우리 사람에게 축복하여 주셨는데 사람이 어떻게 하나님이 주신 복을 받을 수 있을까?

하나님이 아무리 복을 내려 주시려 해도 사람이 거절하면 복을 받을 수 없다. 하늘에서 단비가 내려와도 그릇이 엎어져 있으면 단비를 조금도 받을 수 없는 것처럼, 다이아몬드를 주려 해도 거절하면 받을 수 없는 것처럼, 하나님이 아무리 복을 내려 주시려 해도 사람이 그 복을 거절하면 받을 수 없다.

하나님이 사람을 향해 가장 바라시는 것은 사람이 '복을 받고 번성하는 것'이다. 온 우주 만물을 창조하신 전능하신 창조주는 사람을 창조하신 후 가장 먼저 사람에게 축복하셨다. 이것은 피조물인 인간(하나님은 스스로 계시는 존재자이지만 우리는 스스로 있는 존재가 아니며 우리 존재의 시작과 진행과 끝이 모두 창조주에게 달려있다)에게 매우 기쁜 소식이다.

만일 하나님이 사람을 축복하지 않았다면, 사람은 얼마나 가여운 존재일까?

사람은 바람에 휘날리는 갈대처럼 연약한 존재이기 때문이다. 전능하신 하나님이 외면하신다면 사람은 정말 존재의 근원을 알 수 없는 수수께끼가 되어 시작도 끝도 모른 채 한없이 광대한 우주 속에서 떠돌며 방황할 것이다.

창조주 하나님의 피조물 인간을 향한 지극한 관심과 사랑이 없다면, 인간은 버림받은 존재처럼 무한한 우주 공간에서 지극히 작은 지구라는 행성의 땅 위에서 갈 곳을 모른 채, 쓸쓸히 외롭게 방황하는 존재되어 거닐고 있을 테니 말이다 …

하나님은 우리 근원이시요 우리 존재의 원인이시다. 우리를 사랑하는 하나님은 우리 삶의 이유이고 목적이다. 하나님이 우리를 사랑하고 항상 돌보시기에 우리는 광대한 우주에서 목마르고 굶주리거나 외롭지 않으며, 존재의 의미를 느끼면서 기쁘고 감사하게 살아갈 수 있다.

우리를 사랑하는 하나님이 축복해 주셨는데 우리는 어떻게 복을 받을 수 있을까?

하나님이 복을 주시는데, 사람이 거절한다면 무효가 된다. 하나님은 최초의 사람 남자와 여자에게 복을 주시며 말씀하셨다.

> 생육하고 번성하여 땅에 충만하라, 땅을 정복하라(창 1:28).
> Be fruitful, increase in number, fill the earth and subdue it(Gen. 1:28).

하나님이 내려 주신 복의 으뜸은 '생육하고 번성하는 것'이다.

사람이 어떻게 생육하고 번성할 수 있나?

곡식이 풍성한 열매를 맺듯 사람도 열매를 맺어 번성하고 수가 증가해야 한다. 사람이 하나님 말씀대로 생육하고 번성하지 않으면 멸종되어 사라지고 땅 위에는 야생동물만 남으리.

친이슬람·반기독교 벼락 후세인 오바마의 '성전환, 동성애' 정책을 지금 멈추지 않는다면, 이 땅 위에서 사람은 무자비하게 계속 파괴당하고 결코 생육하고 번성할 수 없다. 오바마의 성전환, 동성애 정책은 기독교와 기독교적 서구를 붕괴시키려는 그의 전술이요, 하나님의 창조를 파괴하고 인간 멸종으로 달려가는 지름길이다. 오바마는 성전환, 동성애로 미국에 전쟁을 선포했으며 맹렬한 전쟁을 벌이고 있다. 미국을 몰락시키기 위해 전쟁을 더욱 가속화하고 있다.

건강한 몸을 해치고 생육을 차단하는 성전환, 동성애, 이것은 창조주의 뜻과는 정반대로 진행하는 삶의 스타일이요, 하나님을 모독하고 하나님의 인간 창조를 직접 훼파하는 용납할 수 없는 무서운 죄악이다. 하나님이 만드신 인간 생태계와 자연 생태계를 직접 파괴하는 대반역이다.

하나님이 남자와 여자를 지으시고 축복하시면서 "생육하고 번성하여 땅에 충만하라"(창 1:28)고 말씀하신다. 창조주가 사람에게 하신 맨 처음 명령이다. 창조주 하나님은 남성과 여성이 결혼해 함께 자녀를 낳아 기르고 번성하며 땅에 가득하기를 원하신다.

땅 위에 사는 우리 사람에게 가장 중요한 행위는 무엇일까?

농사를 짓는 일일까?

장사하는 것일까?

연구하는 것일까?

땅 위에서 사람들은 땀 흘리며 여러 가지 일을 한다.

그런 여러 가지 중에서 사람에게 기본적으로 가장 중요한 으뜸 행위는 무엇일까?

우리 사람에게 매우 중요한 으뜸 행위는 창조주의 명령대로 '사람이 생육하고 번성하여 땅을 채우는 것'이다. 아무리 다른 일들이 잘되고 성공해도 사람 존재 자체가 생육하고 번성하지 않는다면 모두가 허사다. 농사나 장사, 기업이나 연구의 성공도 '사람 존재'를 위한 것이기 때문이다. 다시 말해 '사람 존재의 생육과 번성'을 위한 것이기 때문이다. 곡식이

알곡을 수북이 맺고 과실나무에 열매가 주렁주렁 달리듯, 사람도 자녀를 낳고 번성해야 한다. 하나님이 바라시는 대로 남성과 여성은 함께 연합해 생육하고 번성해야 한다. 남자와 여자가 함께 결합해 자녀를 낳아 양육하면서 땅에 가득해져야 한다.

그런데 버락 후세인 오바마는 미국인의 생육과 번성을 성전환, 동성애 정책으로 원천에서 봉쇄시켰다. 소위 성소수자(LGBTQI) 정책을 통해 미국인이 생육하고 번성할 수 없게 만들었다. 미국인을 병들게 해 점차 미국인을 제거하는 정책을 강행한다. 다시 말해, 미국을 '죽음의 골짜기'로 몰아가고 있다. 미국뿐 아닌 서구와 한국과 세계 기독교 국가들에 성전환, 동성애 강요로 생육과 번성을 원천적으로 봉쇄하는 작전을 펼치고 있다.

하지만, 미국인은 창조주 하나님의 명령대로 '생육하고 번성하여 땅에 충만' 해야 한다. 한국과 서구와 기독교 국가들도 '생육하고 번성하여 땅에 가득' 해야 한다. 자녀를 낳아 사랑과 기도와 관심으로 잘 양육하는 것이 중요하다. 친이슬람 반미국 오바마 정책에 현혹되어 천진난만한 어린 자녀를 성전환자로 만들어 일평생 고통을 주는 어리석은 부모는 없어야겠다. 건강하게 자라나는 자녀들은 부모에게 기쁨과 행복을 안겨준다.

가족을 파괴하고 생육과 번성을 막는 오바마의 성전환, 동성애 정책은 즉각 철폐되고, 그 대신 참된 결혼(성전환, 동성애가 아닌)을 지원하는 좋은 정책이 속히 시행되어야 한다. 한국도 성전환, 동성애를 즉각 철폐하고, 남녀 결혼을 적극 지원하는 좋은 정책을 시행해야 국민이 건강하게 번성한다. 결혼하지 못하는 청년에게 안정된 직업을 갖도록 돕고 결혼할 수 있도록 경제로도 적극 지원하는 정책을 널리 실시해야 더욱 번성할수 있다.

남성과 여성이 어떻게 자녀를 낳아 양육하며 번성할 수 있을까?

여기에 성 또는 섹스(sex)의 신비로움과 환희가 있다. 성(sex)은 사람에게 주신 하나님의 선물(gift)이다. 하나님은 '남자(male)와 '여자'(female)를 성적 피조물(sexual creatures)로 창조하셨다(다니엘 L.A, "성서와 성", NKJV 성서연구).

그러므로 섹스는 자비로우신 하나님의 선물이며 섹스를 통해 인간은 생육하고 번성하게 된다. 여기에는 처음부터 조건이 주어진다. 성적 욕구는 '남자와 여자' 사이에 자연적으로 일어나는 것이며, 성관계는 '남자와 여자 사이'에만 이루어져야 한다는 것이다. 사람이 점차 성장하면서 여성은 남성에게 자연적으로 호감을 지니고 좋아하게 되며, 남성은 여성에게 매력을 느껴 점점 끌리고 가까이하게 된다.

남자는 왜 여자에게 호감을 지니게 되고 마음이 점점 끌리는가?
여자는 왜 남자에게 호기심을 지니게 되고 미음이 점점 끌리는 것일까?
남성과 여성이 상호 간 서로 끌리고 가까워지며 매력을 느끼는 것은 하나님이 지으신 우주 만물에서 매우 자연스러운 모습이요 아름다운 것이다. 기쁨이며 즐거움이다. 하나님은 사람을 '남성'과 '여성'으로 지으셨으며 남성과 여성이 결합하기를 원하시기 때문이다.

남자는 왜 여자와 함께 있고 싶어지고, 같은 남자 아닌, 여자에게 성적 충동과 매력을 점점 깊이 느끼면서 억제할 수 없을 정도로 이끌리게 되는가?
여자는 왜 남자와 함께 있고 싶어지며, 같은 여자가 아닌, 남자에게 성적 충동과 매력을 점점 더 느끼며 휘말리게 되는 걸까?

한국 문학이나 세계 문학에 등장하는 으뜸 주제가 바로 남녀 간의 애정과 애절한 사랑이다. 그것이 이루어진 사랑이든지 이루지 못한 애정이든지 짝사랑이든 불륜이든 남녀 간의 강력한 이끌림이다. 남녀 간의 애정은 피할 수 없는 사건으로 다가온다. 불타오르는 사랑!

아침에 떠오르는 해가 찬란하게 빛나고 밤하늘에 높이 뜬 달이 더욱 아름다운 것은 사랑하는 그대가 있기 때문이다. 많은 오페라 가곡이나 대중가요가 사랑을 노래하고 많은 글이 아름답고 애절한 사랑을 묘사한다.

그대의 사랑 문을 열 때
내가 있어 그 빛에 살게 해
사는 것의 외롭고 고단함
그대 그대 있음에 그대 있음에 …
오, 그리움이여 그리움이여 그리움이여
그대 있음에 내가 있네
나를 불러 그 빛에 살게 해

사랑해 사랑해 당신을 사랑해
저 하늘에 태양이 돌고 있듯이
당신을 사랑해 …

사랑하는 사람을 애절히 기다리는 가요가 있다.

비바람이 치던 바다 잔잔해져 오면
오늘 그대 오시려나 저 바다 건너서

저 하늘에 반짝이는 별빛도 아름답지만
사랑스런 그대 눈은 더욱 아름다워라
그대만을 사랑하리 내사랑 영원히 사랑하리 …

반면, 사랑하는 사람과의 이별을 몹시 슬퍼하는 대중가요도 있다.

보슬비 오는 거리에 추억이 젖어들어
상처 난 내 사랑은 눈물뿐인데
아-타버린 연기처럼 자취 없이 떠나버린 …

하나님이 창조하신 남녀 간의 사랑은 자연스럽고 본능적이며 아름답다. 그리고 창조적이다. 남자와 여자가 서로 사무치도록 그리워하고 보고 싶어 애타게 기다린다. 둘이 함께 있는 시간이 황홀하고 몹시 행복하다. 태양이 찬란하게 빛나는 것도 밤하늘에 별들이 반짝이는 것도 그리운 그대가 있기 때문이다. 그대 없는 세상은 어두운 밤처럼 암울하고 그대가 있으므로 어려움도 고난도 이겨 나갈 수 있다. 남녀 간의 애절한 사랑은 성서에도 묘사되어 있다. 구약 성서에서 사랑의 책 '아가'(가장 아름다운 노래)는 '솔로몬의 노래'(The Song of Solomon)라고도 불리는데 남녀 간의 애절한 사랑을 노래한다. 다양한 하나님의 사랑이 투영된다.

내 사랑아 너는 어여쁘고 어여쁘다. 네 눈이 비둘기 같구나(아 1:15).

나의 사랑하는 자가 내게 말하기를 나의 사랑 내 어여쁜 자야 일어나서 함께 가자 겨울도 지나고 비도 그쳤고 지면에는 꽃이 피고 새가 노래할 때가 이르렀는데 비둘기의 소리가 들리는구나 … 나의 사랑 나의 어여쁜 자야 일어나서 함께 가자 은밀한 곳에 있는 나의 비둘기야 내가 네 얼굴을 보게 하라 네 소리를 듣게 하라 네 소리는 부드럽고 네 얼굴은 아름답구나 …내 사랑하는 자는 내게 속하였고 나는 그에게 속하였도다(아 2:10-16).

남녀 간의 매혹적인 사랑이 묘사된다. 남자가 여자에게 긴밀히 끌리고 여자가 남자에게 밀접히 끌리는 것은 하나님이 창조하신 사람의 본래적이고 아름다운 모습이다. 남자와 여자의 상호 이끌림과 사랑은 마음 깊은 곳에서 샘솟듯 일어나며 자연스럽게 솟구쳐 때로 억제할 수 없을 정도로 함께 있고 싶어한다. 이런 남녀 간의 사랑은 하나님이 바라시는 것이며 아름답다.

> 내 사랑 너는 어여쁘고 아름답다
> 너울 속에 있는 네 눈이 비둘기 같고…
> 네 입술은 홍색실 같고 네 입은 어여쁘고
> 너울 속의 네 뺨은 석류 한쪽 같구나(아 4:1-3).

남자가 사랑하는 여인을 그린다. 어여쁘고 아름다운 자태 순결한 눈을 그린다. 붉은 입술, 불그스레한 뺨을 묘사한다. 남자가 여자를 좋아하고 사모하며 여자가 남자를 좋아하고 사모하는 것은 신비스럽고 아름다운 하나님의 선물이다.

왜 남자는 사춘기를 거치면서 남성 아닌 여성을 그리워하게 되고 따라다니면서 함께 있고 싶어지는 걸까?

왜 여자는 사춘기를 거치면서 여성 아닌 남성을 그리워하고 동경하게 되며 같이 있고 싶어지는 걸까?

소년은 소녀가 그리워지고 소녀는 소년을 좋아하게 된다. 호감을 지니는 남자와 여자 사이에는 자석처럼 상호 이끌리는 연정이 있다. 그 연정은 강하며 상호 연합하고 상호 더욱 밀착되고 싶어진다.

왜 그럴까?

새들의 지저귐이 아름답게 들리고 꽃들의 미소에 웃음을 날리는 것은 이 세상에 사랑하는 사람이 있기 때문이다. 사랑하는 그대는 내게 강인함을 주고 용기를 더해 준다. 남녀 간에 때로 이루어질 수 없는 사랑에 연인을 그리워하며 잠 못 이루고 고민하여 얼굴이 수척해지도록 연인을 찾기도 한다.

때로 환경과 여건을 초월해 싹트는 애틋한 애정과 타오르는 사랑을 묘사한 이야기들을 사람들은 즐겨 읽는다. 연애 소설을 읽으면서 흠뻑 빠져든다. 누구에게나 창조주가 주신 성적 본능과 욕구가 있기 때문이다. 사람들은 대중소설에 묘사된 남자와 여자 사이에 일어나는 적나라한 섹스의 표현, 억제하지 못하는 성적 충동과 행위를 읽는다.

성서에서 인간의 하나님을 향한 사랑과 관계성은 때로 이성 간의 사랑으로 비유되기도 한다(겔 23:3-8, 11-27).

남녀 간의 뜨거운 사랑과 성적 행위는 그 자체로 하나님이 사람에게 내려 주신 환희요 기쁨이다. 그것은 광활한 우주 공간의 작은 행성 지구라는 지면에서 사람이 생육하고 번성하여 땅에 가득하기 바라는 창조주 하나님이 내려 주신 선물이다. 여자는 남자에게 남자는 여자에게 애정을 느끼고 그리워한다. 그리고 자신의 참된 애인을 발견할 때까지 하나님이 짝지어 주신 애인을 만나기 위해 때로 사람들을 만나거나 노력하기도 한다.

이것이 남자 혼자 또는 여자 혼자는 살 수 없다는 말인가?
왜 사람은 이성을 몹시 그리워하고 몹시 사랑하게 되는 걸까?
'로미오와 줄리엣'처럼 불가능성 속에서도, 둘이 함께 있고 죽음도 둘 사이를 가르지 못하는 운명적인 사랑도 있다.

왜 그럴까?
왜 남자는 같은 남자 아닌 여자를 깊이 사랑하게 되고, 왜 여자는 같은 여자 아닌 남자를 심히 사랑하게 되는 걸까?
'남자와 여자', '여자와 남자'(남자와 남자 아닌, 여자와 여자 아닌)는 왜 마음이 끌리고 동경하게 되며 열정적으로 사랑에 빠지게 되는 걸까?
결혼이라는 둘의 결합에 이르기까지 왜 그처럼 사무치게 그리워하는가?

성서는 그 이유를 알려 준다.

> 그러므로 남자가 부모를 떠나 그의 아내와 합하여 둘이 한 몸을 이룰지니라(창 2:24).
> Therefore, a man shall leave his father and mother and be joined to his wife, and they shall become one flesh(Gen. 2:24).

창조 때로부터 사람을 남자와 여자로 지으셨으니 이러므로 사람이 그 부모를 떠나서 그 둘이 한 몸이 될지니라 이러한즉 이제 둘이 아니요 한 몸이니 하나님이 짝지어 주신 것을 사람이 나누지 못할지니라(막 10:6-9).

예수께서 대답하여 이르시되 사람을 지으신 이가 본래 그들을 남자와 여자로 지으시고 말씀하시기를 그러므로 사람이 그 부모를 떠나 아내에게 합하여 그 둘이 한 몸이 될지니라… 그런즉 이제 둘이 아니요 한 몸이니 그러므로 하나님이 짝지어 주신 것을 사람이 나누지 못할지니라(마 19:4-6).

얼마나 강력하고 굳센 선언인가?
부모를 떠나 남자와 여자는 둘이 '한 몸'이 된다. 그러므로 이제 둘이 아니라 한 몸이다. 둘이 한 몸이 된 것은 하나님이 짝지어 주신 것으로 사람이 나눌 수 없다. 하나님이 남자와 여자를 지으셨다. 남자와 여자는 한 몸을 이루기 위해 본능적으로 이성을 향해 동경하게 되고 그리워하며 더욱 가까이 있고 싶어진다.
그러므로 결혼을 해서 둘이 함께 있게 될 때까지, 계속 애인을 사무치게 그리워한다. 창조의 법칙(창조 법칙), 창조 법칙의 부분인 자연의 법칙(자연 법칙), 그리고 창조의 질서(창조 질서), 창조질서의 부분인 자연의 질서(자연 질서)대로, 남자와 여자는 둘이 하나로 결합해야 하기 때문이다. 하나님의 말씀대로 둘이 한 몸이 되어야 하기 때문이다. 남자와 남자끼리 또는 여자와 여자끼리 결합하는 것이 아니다. 이성 간인 '남자와 여자'가 결합해야 한다. 결혼해서 남자가 부모를 떠나 그처럼 사무치게 그리워하던 사랑하는 여인과 결합하여 둘이 '한 몸'(One-flesh)을 이룬다. 한 몸의 관계성은 한 남자와 한 여자 사이에 가능한 가장 강력한 육체적 밀착성(physical intimacy)이면서 가장 심오한 영적 연합(spiritual unity)이다.

창조주 하나님은 남자와 여자에게 상호 밀접해질 '섹스'를 신비로운 선물로 주셨다. 남녀 간의 섹스는 좋고 달콤하고 흥분되며 취하게 하며 두 사람을 강력히 결합시킨다. 이처럼 좋은 하나님의 선물 섹스는 '결혼 계약' 내에서 '한 남자와 한 여자', 즉 '남편과 아내' 사이에만 즐거워해야 한다. 하나님이 주신 선물로 남자와 여자가 하는 성관계를 남자끼리 또는 여자끼리 하면 안 된다.

> 누구든지 여인과 동침하듯 남자와 동침하면 둘 다 가증한 일을 행함인즉 반드시 죽일지니 자기의 피가 자기에게로 돌아가리라(레 20:13).

> 너는 여자와 동침함 같이 남자와 동침하지 말라 이는 가증한 일이니라(레 18:22).

> 동물과 성관계를 해서도 안 된다(레 18:23; 20:15-16).

성관계는 한 남자와 한 여자가 결혼서약을 하면서 '남편과 아내' 되어 부부 사이에서 부부가 함께 독점적으로 즐거워해야 하는 하나님이 주신 선물, 환희와 기쁨의 선물이다. 하나님은 남자와 여자를 지으시고 남자와 여자가 사랑하고 친밀해지며 하나로 결합되도록 좋은 선물로 섹스를 주셨다.

성서는 오직 결혼 내에서의 성관계를 시인한다. 그토록 서로를 몹시 그리워하던 한 남자와 한 여자가 결혼하여 '부부'가 되고, '남편과 아내'는 서로 더욱 사랑하며 결합하여 서로를 섬기고 밀착된 성교(sexual intercourse)를 통해 상호 육체적 요구를 만족시킨다(잠 5:18-19).

섹스는 사랑하는 남편과 아내를 서로 더욱 긴밀하게 밀착시키고 결속시킨다. 섹스에서 남편과 아내는 육체의 신비를 더듬으며 공유한다. 그것은 오직 남편과 아내 둘만이 누릴 수 있는 만족과 환희의 영역이다. 섹스는 결혼한 부부가 탐지하고 추구하며 누릴 수 있는 특권이다. 아내와 남편은 상호 간 섹스를 통해 위로받고 환희를 누리며 만족을 느낀다. 결혼하여 부부가 된 남편과 아내는 상호 상대방의 성적 욕구(sexual desire)에 응한다. 남편과 아내는 서로 협력하고 존중하면서 둘만이 탐닉하고 누릴 수 있는 육체의 신비로운 영역에 마음껏 기뻐하고 즐거워하며 탐지할 수 있다.

창조주가 내려 주신 선물인 섹스는 매우 신비롭다. '신성한 결혼'(sacred marriage)으로 한 가정을 이룬 '남편'과 '아내'는 험하고 거친 세상에서 서로를 위로하고 서로를 격려하면서 성으로 더욱 깊이 결합하여 육제적 정신적으로 하나 되어 한 몸을 이룬다.

> 그러므로 남자가 부모를 떠나 그의 아내와 합하여 둘이 한 몸을 이룰지로다(창 2:24).

거칠고 망망한 인생의 험한 바다에서 한 배를 타고 항해를 함께하는 남편과 아내는 창조주 하나님이 내려 주신 섹스라는 선물을 통해 서로를 위로하고 기뻐한다. 서로에 심취하고 몰두하며 새로운 힘을 얻는다. 그대가 있으므로 내가 있고, 사는 것의 외롭고 고단함을 그대와 단둘이 즐거움으로 바꿀 수 있다. 그대와 함께하는 모든 일상이 행복하다.

'한 남자와 한 여자'의 성관계를 통해 육체는 기쁨과 환희의 절정에 도달한다. 그리고 그 환희의 절정에서 놀라운 기쁨과 놀라운 환희, '인간 생명'이 잉태된다! 하나님의 우주 창조와 인간 창조에서 창조주 하나님이 말씀하신 대로 생육하고 번성하는 '인간 생명'의 '형성'과 '탄생'은 남녀 간의 결합에서 온다. 한 남자와 한 여자가 '신성한 결혼'으로 결합해 '남편과 아내'가 함께 탐지하고 즐거워하는 '섹스'의 즐거움과 환희의 절정을 통해 '인간 생명'의 지속적인 '형성'과 '탄생'이 온다. 남편과 아내가 한 몸이 되어 함께 탐색하고 누리는 성의 환희의 절정에서 '인간 생명'이 잉태되고, 남편과 아내가 한 몸이 된 친밀한 결합과 사랑 속에 '인간 생명'은 자라고 태어난다. 그리고 유아기의 양육을 거쳐 어린이로 그다음 청소년으로 그리고 성인으로 성장하게 된다.

신성한 결혼을 통해 남편과 아내가 한 몸이 되는 성에서 지속적으로 고귀한 생명이 잉태되고 태어나며, 인류는 번성하여 땅을 채우고 정복하게 된다. 창조주 하나님이 바라시는 대로 인류는 크게 번성하여 모든 생물을 다스리면서 역사 속에 미래의 무궁한 발전을 향해 힘차게 나아간다.

생육하고 번성하여 땅에 충만하라. 땅을 정복하라(창 1:28).

부록

1. 투표 사기 정황과 LGBTQ 확산 정책

2020년 11월 3일 미국 대통령 선거가 끝났으나 웬일인지 11월 11일까지 선거 결과는 나오지 않았다. 트럼프 대통령 진영에서 바이든 진영의 수많은 부정선거 정황을 발견하고 법적인 소송이 진행 중이다. 유권자 조작, 투표지 사기, 개표조작, 중국산 소프트웨어, 도미니언 투표기, 선거직원들의 바이든 표 조작 등 광범위하게 수많은 선거 사기 문제들이 대두되었다.

그럼에도 미국의 대언론들(CNN, NBC, NYT 등)은 한결같이 바이든이 당선자인 양 보도한다. 언론이 연일 가짜 보도를 하고 있다. 언론이 가짜 보도를 하는 이유는 통제를 당하거나 이익추구에서 나오기도 한다.

하지만, 우리 생각해보자.
대통령을 언론이 결정하는 것은 아니다!
선거 결과는 아직 나오지 않았으며 부정선거의 증거들이 여러 주에서 속속히 나타나고 있다. 펜실베니아, 미시간 등 경합 지역에서 많은 선거 조작이 보이며 증인과 증거물을 확보했다.
이런 상황은 조 바이든이 2020년 10월 24일에 한 연설을 떠올리게 한다.

우리는 미국 정치 역사상 가장 광범위하고 포괄적인 투표자 사기 조직을 만들었습니다(We have put together the most extensive and inclusive voter fraud organization in the history of the American politics).

이 무서운 발언은 현재 여러 주의 투표와 개표과정에서 사실로 펼쳐지고 있어 우리에게 충격을 준다.
어쩌다 민주주의 꽃 미국이 '선거 사기'를 광범위하게 저지르는 비민주주의적인 일을 했을까?

바이든은 누구인가?
바이든은 버락 후세인 오바마 임기 중 부통령이었다. 오바마 대통령 시대에 바이든과 그 아들이 중국에서 거액의 뇌물을 받은 것이 선거 전에 보도되었다. 바이든은 오바마의 미국 파괴 정책을 잘 모르는 듯하다. 오바마는 바이든이 외국에서 돈을 받도록 넌지시 수긍하면서 오바마 자신의 목적을 위해 이용했을 것으로 보인다.
오바마 집권기에 그의 영향을 받는 바이든은 "중국이 일어나야 한다"라고 말했다. 우크라이나에서도 뇌물을 받았단다. 오바마에 이끌린 바이든은 미국을 '에너지 의존국'으로 만들었다. 이제도 트럼프가 미국을 "에너지 독립국"으로 만든 것을 다시 '에너지 의존국'으로 만들 것이다. 오바마-바이든 시대에 중국과 중동 경제, 러시아가 급격히 성장한 반면, 높은 세금부과로 미국 기업들은 중국이나 해외로 떠나고 또는 폐쇄되었다. 그러자 시장에서 미국 제품보다도 중국 제품이 많이 등장했다. 미국 기업들이 문을 닫자 실업자들이 늘었다. 트럼프가 세금을 낮추고 다시 기업을 불러들여 수많은 일자리를 창출하였다.

더욱이 오바마-바이든은 '성전환', '동성애'를 유아, 어린이 청소년 미국 군대에 부추기고 강행시킨 잔인한 비정상의 인물이다. 친이슬람 오바마가 극도로 밀어붙이고 바이든은 영문을 잘 모른 채 따라 한 것으로 보인다.

성전환 과정과 수술은 고통스럽고 수술 후 2-3개월 휴식이 필요하다. 매달 호르몬도 복용해야 한다. 그런 고통스러운 방식을 미국에 급속도로 확산시키고 부추겼다. 국민 세금과 또 다른 방법으로 재정을 막대하게 지원해 성전환, 동성애를 빈틈 없이 매우 치밀하게 급속도로 확산시켰다.

벼락 후세인 오바마는 전투에 상시 대비해야 할 군인마저 성전환자로 만들었다. 오바마는 미국 군대에 성전환을 강압해 내부적으로 미국 국방을 계속 붕괴시키고 있다. 국가 안보를 계속 위태롭게 하는 중이다. 미국의 유아, 어린이, 청소년을 성전환자로 만들면서 미국의 미래를 계속 차단하는 중이다. 오바마는 트럼프 시대에 폐지되었던 자신의 미국 파괴 정책들을 바이든을 움직여 모두 복구시키고 미국을 계속 파괴 중이다. 오바마는 특히 유아, 어린이, 청소년, 군인에게 성전환을 세뇌 교육하면서 끈질기게 강압한다.

왜 그럴까?

그는 왜 미국의 모든 유아 어린이 청소년이 성전환자가 되기를 바라는가?

그는 왜 미국 군인이 성전환자 되기를 바라는가?

그렇다면 미국의 미래는 어떻게 될 것인가?

오바마의 정책대로라면 더 이상 미국의 미래는 없다. 오바마는 미국의 미래를 닫는 정책을 구체적으로 많이 수립하고, 그런 정책을 온몸으로 밀어붙였다. 오바마가 별나게 강조하는 대로, 유아, 어린이, 청소년, 미국 군대에 성전환, 동성애가 퍼지면 퍼질수록, 미국의 미래는 닫힌다. 미국은 몰락의 길, 죽음의 계곡으로 미끄러져 내려간다.

더 이상 미국의 미래는 없다!

정상적인 사람은 생각조차 할 수 없는 끔찍한 일을 버락 후세인 오바마는 온몸으로 밀어붙였다. 그는 사악한 정책을 할 때마다, 항상 '인권'(human Right), '평등'(Equality)이라는 선한 가면을 앞세우고 등장한다. 그는 '인권', '평등', '차별 금지'라는 위장된 가면을 쓰고 유아, 어린이, 청소년, 군인에게 주저하지 않고 극도의 해를 가한다.

왜 그럴까?

왜 그는 역대 다른 대통령들과는 전혀 다르게 가정과 인간을 파괴하고 제거하는 '성전환', '동성애'를 사상 최초로 강행하나?

그는 왜 항상 '인권', '평등'이라는 선한 가면을 쓰고, 성전환, 동성애를 퍼뜨리는가?

질병을 일으키고 인간 생명을 마감시키는 동성애가 인권인가?

남녀가 결혼해 행복한 '가족을 이룰 인권'을 박탈하는 것 아닌가?

인간 신체를 변질시키고 절단하는 소위 성전환이 인권인가?

신체를 병들게 함으로써 '건강하게 살 인권'을 박탈하는 것 아닌가?

오바마가 시발하고 강행한 성전환, 동성애, 성소수자(LGBTQI) 정책들은 가정과 군대와 국가를 훼파하고 무너뜨리는 '인권을 가장한 사기'다!

이번 대통령 선거도 마찬가지다. 여러 주에서 엄청난 사기들이 드러나고 있다.

'하나님 아래 한 나라'(One Nation Under God) 미국에서 '하나님을 수호'하려는 트럼프 진영, 기독교 국가 미국에서 '하나님을 제거'하려는 오바마-바이든 진영, 미국에서 기독교 정신을 없애려는 자들이 성전환, 동성애를 유아, 어린이, 청소년, 군대에 강압하며 부추겼고, 이제 대통령 선거 사기 또한 저지르고 있다.

영적 전투가 치열하다!
미국을 무너뜨리려는 자가 전쟁을 일으켰다. 자유와 민주주의 표상 기독교 국가 미국을 몰락시키려는 자가 유발한 전쟁이 맹렬하다. 전투가 치열하다.
미국과 군대에 성전환, 동성애를 금하고 성서와 하나님을 높이는 분이 반드시 대통령이 되도록 힘쓰고 기도 드리자.

2. 젊은 성전환자의 내슈빌초등학교 총격 사건

매우 기초적으로 여기 내가 너에게 만든 포스트, 그것은 기본적으로 자살 노트(suicide note)였어.
나는 오늘 죽으려 계획하고 있어.
이것은 농담이 아니야!!!!
내가 죽은 후 뉴스에서 나에 관해 들을 거야
이것이 나의 마지막 작별인사야

나는 너를 사랑한다.

다른 생애에서 다시 보자(오드리[아이든]).

2023년 3월 27일 월요일 오전 10시 13분경 테네시 내슈빌 기독교 초등학교에서 총격 사건이 발생했다. 공포의 총격으로 9세 어린이 3명과 교사 3명이 죽었다. 범인은 28세의 오드리 헤일(Audrey Hale)이며 태어날 때 여성인데(생물학적 여성) 남성이 되려한 성전환 남성이다. 오드리가 보낸 위 메시지에 친구 패튼(Patton)이 응답하며 그다음 오드리의 메시지는 계속된다.

"오드리! 너는 아직 살아야 할 아주 많은 생애가 있어. 나는 하나님이 너를 지키시고 감싸주시기를 기도한다. 패튼."
"알고 있어. 하지만, 나는 살고 싶지 않아. 매우 미안해. 너를 당황하게 하거나, 관심을 끌려고 그러는 것 아니야. 나는 단지 죽을 필요가 있어(I just need to die)."
"너에게 처음으로 말하기 원했어. 왜냐하면 너는 내 모든 삶에서 이제껏 보고 아는 가장 아름다운 사람이기 때문이야."
"나의 가족은 내가 무엇을 하려는 지를 몰라 … 어느 날 이것이 더욱 이해될 거야. 나는 뒤에 충분한 증거 이상을 남겼다."

총격자는 인스타그램 포스트에 그녀의 출생 이름 '오드리'와 성전환 별칭 '에이든'(Aiden)으로 사인하였다.

오드리는 자살하려 했었다고 친구는 말했다. 메시지를 받은 친구 패튼은 경찰에 신고했지만 이미 때는 늦었다. 친구가 오전 10시 14분에 전화

했지만, 총격 사건은 오전 10시 13분 이전에 시작되었다. 그리고 오드리 헤일은 10시 27분경 죽었다.

이 사건은 성전환자의 자살 충동과 관련된다.

"나는 단지 죽을 필요가 있어."

왜 단지 죽을 필요가 있다고 생각했을까?

단지 죽을 필요가 있으며 이 세상에 더 이상 살 필요는 없다.

무엇이 그녀를 그처럼 죽음의 절망의 늪으로 깊숙이 이끌고 갔을까?

죽음이요 절망이다.

더 이상 이 세상에 살 이유가 전혀 없다. 오늘 죽으려고 계획하고 있음을 바로 죽기 얼마 전에 친구에게 알린다.

오드리는 죽어야 한다는 생각에 깊이 잠기고 이끌려왔다.

왜 그랬을까?

더 이상 살 필요가 없다. 오직 자살해야 한다고 자꾸자꾸 생각하게 된다. 매 순간 심각한 자살 충동에 사로잡히게 된다. 이것이 정신적 신체적으로 무너져가는 성전환자의 모습이다.

"건강한 신체에 건강한 정신이 깃든다."

어려서 '사춘기 차단제'라는 성장을 방해하는 약물을 주입하고 청소년기에 역작용을 일으키는 전환 호르몬을 투입한다. 한두 번이 아닌 계속 투입한다. 그리고 가슴이나 생식기를 칼로 수술해 절단한다.

사람의 신체가 그런 해로운 것들을 다 견디어낼 수 있을까?

사람의 건강한 신체가 비명을 지르면서 비정상으로 변할 것이다. 그런 반자연적 과정을 진행하는 성전환자에게 아픔과 고통이 따르고, 정신 역시 아픔과 고통을 겪는다.

그들이 어떻게 신체가 비정상으로 변질되고 파괴되어가는 고통스러운 과정에서 건전하고 올바른 정신을 지닐 수 있겠는가?

몸이 아프면 정신도 아프고 몸이 이상하면 정신도 이상하다. 몸이 고통스러우면 정신도 고통스럽고 몸이 신음하면 정신도 신음한다. 대량의 사춘기 차단제 주입, 계속적인 전환 호르몬 투입, 유방 제거 수술, 남성 성기 제거 수술, 여성 자궁 들어내기 수술 …

그처럼 참혹하고 해로운 성전환 과정과 수술을 잘 견디어낼 사람의 육체가 있을까?

어려서 사춘기 차단제로 자연발달을 강제로 막고, 성호르몬 투입으로 반대 성으로 강제로 바꾸려 한다. 아름답게 솟아나는 소녀의 가슴을 칼로 도려내고, 건강한 남성의 성기를 칼로 베어낸다. 여성의 자궁을 들어낸다.

하나님이 창조한 '남성'과 '여성' 두 가지 성을, 있지도 않은 수십 가지에서 백여 가지 성으로 만든답시고(그런데 실제로는 남성과 여성으로만 전환한다). 부작용과 역작용을 일으키는 약물을 대량 투입하고, 잔인한 수술로 건강한 가슴과 생식기를 절단한다. 그리하여 정자와 난자를 형성 못하는 생식기 불구자로 만든다. 그것은 처참한 인간 신체 학대요, 파괴이며, 살인에 버금가는 행위다. 결국, 인간을 시름시름 병들게 해 점차 제거하는 살인 아닌가…

이와 같은 소름 끼치는 무서운 일을 국가 정책으로 굳게 세워 교육하며 강행시킨 친이슬람 반미국 벼락 후세인 오바마는 바이든에게도 자신의 성소수자(LGBTQI) 정책을 강행하도록 조종한다. 수많은 유아 어린이 청소년 군인을 성전환으로 몰고 가 그들의 생애를 파괴한 벼락 후세인 오바마는 역사와 정의의 심판대 앞에 반드시 서야 하리라.

연세대 이무상 교수에 따르면 성전환자의 자살 시도율이 20퍼센트에 이르고 이는 일반인 자살률의 1000배 정도이며, 수술 후도 100 배 정도다(건사연, 2015. 4. 2) 오바마는 성전환자 자살률이 일반인보다 1000배 높고 수술 후 100배 높아도 그처럼 미친 듯이, 유아 어린이 청소년 군인을 성전환으로 몰아간다. 그는 기독교 국가 미국을 붕괴시키려 안간힘을 쓰고 있다.

성전환자 오드리는 자살 충동에 사로잡혀 학교 총격 사건을 터뜨렸다.

그런데 백악관과 민주당은 총기 문제를 들고 나오면서 '성전환'이라는 본질적 문제는 언급조차 하지 않고 있다.

통탄할 일 아닌가?

오드리는 자신이 뒤에 충분한 증거를 남겼다고 말했다. 그 말은 무엇을 뜻하는가?

그녀의 엄마는 민주당 총기 통제 행동파라고도 한다.

총기가 문제인가?

사람이 문제인가?

총기가 착한 사람에게 있으면 자유를 지키고 인권을 보호하는 꼭 필요한 무기가 된다. 같은 총기가 악한 사람에게 있으면 자유를 파괴하고 인권을 짓밟는 흉기가 된다.

조지아텍 성전환 학생이 자살 충동에 사로잡혔듯이, 오드리는 성전환자가 되고 계속 이어지는 자살 충동에 사로잡혔다. 그녀는 오바마가 던진 '죽음의 덫'에 걸려들었다. 오드리가 검증되지 않은 '성전환'이라는 벼락 후세인 오바마가 던진 '죽음의 덫'에 걸려들지 않았다면, 지금쯤 밝은 얼굴로 푸른 하늘을 바라보면서, 해맑은 미소를 지으리라.

3. 독사(The Snake)

독사

어느 날 아침 출근길에
호수 옆 길을 따라가며
마음이 여린 여인이 얼어붙은 가엾은 뱀을 보네
아름다운 색채의 표피 이슬에 젖어 모두 얼었다.
"불쌍한 것" 그녀는 외치네. "너를 데려가 돌보아 줄게"
"나를 데려가요, 오, 부드러운 여인(그래, 이리와)
제발, 나를 들어가게 해줘요(그래, 들어와)
나를 받아줘요, 상냥한 여인" 뱀은 한숨을 쉬었다.

이제 여인은 비단 덮개로 뱀을 아늑히 모두 감싸
난로 곁에 뱀을 두고 꿀과 우유를 얼마 두네
이제 그 밤에 여인은 일터에서 서둘러 집에 도착하자
이제 여인은 데려온 예쁜 독사 소생했음을 발견하네
"나를 데려가요, 오, 부드러운 여인
제발, 나를 들어가게 해줘요
나를 받아줘요, 상냥한 여인" 뱀은 한숨을 쉬었다.

이제 여인은 가슴에 뱀을 꼭 껴안고 외치네 "매우 예뻐"

"하지만, 내 너를 데려오지 않았으면 지금 너 죽었을거야"

이제 여인은 뱀의 예쁜 표피 또 쓰다듬고 키스하며 꼭 잡네

하지만, 고맙다는 말 대신 그 독사 여인을 맹렬히 물다

"나를 데려가요, 오, 부드러운 여인

제발, 나를 들어가게 해줘요

나를 받아줘요, 상냥한 여인," 뱀은 한숨을 쉬었다.

"내가 너를 구조했어." 여인은 외치네

"그런데 왜 나를 심지어 물지?

또 네가 물면 맹독 있음을

너 알고 있으니 나 이제 죽을거야."

"오, 입 닥쳐, 어리석은 여인" 파충류 싱긋하며 말한다.

"이제 너 나를 데려오기 전 내가 독사임을 잘 알았지"

"나를 꼭 들어가게 해줘요. 오, 상냥한 여인

제발 나를 받아줘요" 뱀은 한숨을 쉬었다.

나를 들어가게 해줘요 부드러운 여인

뱀, 독사,

나를 받아줘요, 상냥한 여인

트럼프 대통령은 2023년 12월 9일 토요일, 뉴욕에서 열린 뉴욕 청년 공화당의 클럽이 주최한 111번째 연례 축제에서 "독사"(The Snake)를 낭독하였다. 그러자 청중은 열화같이 호응하였다.

트럼프는 말했다. "이것이 지금 미국에서 벌어지는 상황입니다."

The Snake

On her way to work one morning

Down the path alongside the lake

A tender-hearted woman saw a poor hal-frozen snake

His pretty colored skin had been all frosted with the dew

"Poor thing!" she cried, "I'll take you in and I'll take care of you"

"Teke me in, oh, tender woman(yes, come on in)

Take me in, for the heaven's sake(yes, come on in)

Take me in, tender woman," sighted the snake

Now she wrapped him up all cozy in a coverture of silk

And laid him by the fireside with some honey and some milk

Now she hurried home from work that night, as soon she arrived

Now she found that pretty snake she's taken in had been revived

"Take me in, oh, tender woman

Take me in, for heaven's sake

Take me in, tender woman ," sighed the snake

Now she clutched him to her bosom, "You're so beautiful," she cried

"But if I hadn't brought you in by now you might have died"

Now she stroked his pretty skin again and then kissed and held him tight

But instead of saying thanks, that snake gave her a vicious bite

"Take me in, oh, tender woman

Take me in, for heaven's sake

Take me in, tender women," sighed the snake

"I saved you," cried that woman

"And you've bitten me, even why?

and you know your bite is poisonous and now I's gonna die"

"Oh, shut up, silly woman," said that reptile with a grin

" Now you knew damn well I was a snake before you brought me in"

"Please take me in, oh, tender woman

Tekie me in, for heaven's sake" sighed the snake

Take me in tender woman

snake, snake

Take me in, tender woman.

뱀이 미국을 물었다.

뱀 중에도 치명적 독을 품어내는

독사가 미국을 물었다.

미국에 독사의 맹독이

거침없이 널리 퍼지고 있다.

트럼프는 대통령 재임 시절,
"백악관에 뱀들이 있다"고 말했다.
재임 기간 중 어려움과 불만을 토로하였다.
뱀들이 음산한 기류를 조성하고 나타낸다.
바로 전임 오바마 8년 집권의 흔적이다.

음흉한 뱀이 미국을 꽉 물었다.
성전환, 동성애 맹독을 깊이 투입시켰다.
그 뱀의 맹독이 미국의 온몸에 퍼지면
나라는 마비되고 곧 죽는다.
독사의 치명적 독이 퍼지면 나라는 죽는다.

음흉한 뱀은 동정심 많은 여인
미국과 기독교를 물었다.
그리고 맹독을 사정없이 쏟아부었다.
그 독사의 독은 온몸을 마비시키고 죽인다.
독사에 물린 여인 죽어가고 있다.

뱀이 나라와 교회에 주입한 치명적 독을 즉시 뽑아내라.
그리고 더 이상 뱀의 말을 듣지 마라!
그 독사가 뿜어내는 독으로,
온 몸과 정신이 마비되어 죽는다.

뱀은 뱀이고 독사는 독사다.

뱀은 예쁘지도 귀엽지도 않다.
냉랭한 파충류 결국 맹독을 퍼붓는다.
그 독사에 물린 착한 여인,
죽지 않으려면 지금 독을 뽑아내라!

"나를 들어가게 해줘요, 부드러운 여인.
뱀, 독사.
나를 받아줘요, 상냥한 여인."

트럼프 대통령의 새 시대와 동성애: 굿바이 오바마의 동성애 성전환

손혜숙 지음 | 신국판 | 184면

교회는 '진리의 길'을 다시 찾자! 한국에서 동성애가 주요 이슈로 떠오르고 있다. 기존 질서와 가치가 위협받고 가정과 교회, 나라가 공격 받고 있다. 이 거대한 젠더 이데올로기의 원인과 구조를 인식할 때, 이들의 공격으로부터 교회와 자본주의, 자유 민주주의 체제를 지킬 수 있을 것이다.

오바마 대통령의 의도적이고 급속한 동성애 확산 정책과는 반대로 성경적 입장을 지닌 트럼프 대통령의 정책을 지지하면서 성경적 관점을 풀어나간다. 오바마의 성소수자 확산 정책이 야기한 나라와 교회의 위기를 드러낸다.

미국이 운다! 동성애: 대한민국도 울지 않게 하라!

손혜숙 지음 | 신국판 | 216면

버락 후세인 오바마가 의도적으로 퍼뜨린 해로운 동성애 바람이 미국 전역에 세차게 불고있다. 이 바람을 맞아 몹시 휩쓸리면서 나라는 급속히 병들어 가고 있다. 미국은 오랜 전통의 고귀한 신앙과 문화와 정신을 해체 당하고 있다.

현재 미국에서 정치 지도자들은 물론 종교 지도자들까지 동성애를 합법화시키는 경향을 보면서 안타까운 심정으로 이 글을 썼다. 성경적 관점에서 동성애의 문제를 냉철하게 분석하고 비판하면서 한국의 그리스도인들 또한 동성애에 미혹되지 않고 깨어서 동성애를 경계해야 함을 주장한다.